蒙台梭利早教经典分段育

蒙台梭利养育5岁孩子

〔意〕玛丽亚·蒙台梭利◎著　刘妍◎编译

中国妇女出版社

图书在版编目（CIP）数据

蒙台梭利养育5岁孩子 /（意）蒙台梭利著；刘妍编译. --北京：中国妇女出版社，2016.2

ISBN 978-7-5127-1229-4

Ⅰ. ①蒙…　Ⅱ. ①蒙… ②刘…　Ⅲ. ①儿童教育—早期教育　Ⅳ. ①G61

中国版本图书馆CIP数据核字（2015）第301007号

蒙台梭利养育5岁孩子

作　　者：〔意〕玛丽亚·蒙台梭利 著
译　　者：刘　妍 编译
责任编辑：应　莹
封面设计：尚世视觉
责任印制：王卫东
出版发行：中国妇女出版社
地　　址：北京东城区史家胡同甲24号　　邮政编码：100010
电　　话：（010）65133160（发行部）　　65133161（邮购）
网　　址：www.womenbooks.com.cn
经　　销：各地新华书店
印　　刷：北京通州皇家印刷厂
开　　本：165×235　1/16
印　　张：13
字　　数：230千字
版　　次：2016年2月第1版
印　　次：2016年5月第2次
书　　号：ISBN 978-7-5127-1229-4
定　　价：26.00元

编者的话

玛丽亚·蒙台梭利博士是意大利第一位女医学博士，是20世纪享誉全世界的杰出幼儿教育家。1870年8月，玛丽亚·蒙台梭利在意大利安科纳地区的基亚拉瓦莱小镇出生。父亲是军人，母亲贤淑文静，博学多才。

蒙台梭利从小受到非常好的教育，虽然是独生女，但父母对她从不溺爱。幼年起她便自律自爱，独立，同情弱者。13岁时，蒙台梭利选择米开朗琪罗工科学校学习数学，这在当时的女孩子中是很少见的。而她从这所学校毕业时，是成绩最优秀的学生。后来她学习了现代语言与自然科学，此后对生物学产生兴趣，于1890年进入罗马大学学习生物学。在学习生物学期间，她又对医学产生了浓厚的兴趣，决定学医。由于当时保守的欧洲社会是没有女子学医的，她的决定不仅遭到父亲的反对，而且不被当时的教育体制所允许。但蒙台梭利凭着坚强的意志和不断的努力做到了，获准进入医学院。1896年，26岁的蒙台梭利获得罗马大学医学博士学位，成为意大利第一位女医学博士。也许由于她自己的选择从来都遵从于兴趣，才有她后来的“教育要根据孩子兴趣捕捉孩子的‘敏感期’”的理论。

毕业后的蒙台梭利成为罗马大学附属医院的一名精神科临床医生。由于当时残疾和智障儿童的治疗是在精神病院进行的，蒙台梭利的工作就是治疗这些儿童。蒙台梭利对这些孩子发自内心地同情，认为他们不该被关在这里，他们所受到的粗暴对待是导致他们智力下降的重要原因。她对智障儿童教育产生了浓厚的兴趣，决心去帮助他们。在长期的研究与实践中，蒙台梭利总结出：儿童的智力缺陷主要是教育问题，而不是医学问题。这一认识使她能够从一位成功的医生最终转变成一代伟大的教育家。因为她发现，智障儿童虽然比同龄孩子差，但与更小的孩子在智力和行为能力上有许多共同点，自己为特殊弱势儿童设计的教育方法一定也适用于正常儿童。

1907年，蒙台梭利在罗马圣罗伦斯区建立了第一个“儿童之家”，她特意选址在罗马最贫困的地区，招收3~6岁普通儿童，用自己独创的方法加以教育。结果是惊人的：那些贫寒家庭的儿童，经过她几年的教育，全部成为聪明活泼、举止优雅、自信自强的孩子，心智较之前有了巨大改变。她这套教学方法立刻轰动了意大利甚至欧洲其他国家。到20世纪40年代时，蒙台梭利学校已遍布世界各地，仅美国就有2000多所。

1952年5月6日，82岁的蒙台梭利在荷兰去世。她的传记被列入12位“帮助世界的人们”传记丛书。她曾3次获得诺贝尔和平奖提名。英国教育家称赞她为“20世纪赢得世界公认的推进科学和人类进步的最伟大科学家之一”。美国教育家称赞：“当前讨论学前教育问题，如果没有论及蒙台梭利教育体系，便不能算完全。”德国教育家这样评论她：“在教育史上，能像蒙台梭利教育法如此举世瞩目的并不多见。”虽然经过了近百年，但她的名字和她革命性的教育观却延续下来，并被越来越多的人所接受。

蒙台梭利提出儿童发育“敏感期”的观念，认为无论是行走、语言、绘画，或是音乐、数学，每个孩子都有一个敏感期，孩子在这一时期具有强烈的学习愿望，并且能轻松学会任何他们渴望学习的事情。捕捉到孩子的敏感期，对他们加以引导，就能取得事半功倍的效果。孩子没有到达敏感期，任何逼迫的学习都是徒劳的，而延误了时机，则会对儿童的发展造成障碍。

从出生到3岁，儿童会积极、专注且自发地吸收外界的一切印象。这期间的吸收，完全在一种无意识的状态下。也就是说，他们并不知道自己正在学习，他们吸收了周遭种种的习惯、风俗、生活习态等，并在他们的心中根深蒂固。这种特殊的精神状态，蒙台梭利称为“有吸收力的心灵”。

在3~6岁之间，儿童已发展出有意识的心智，可经由双手从外界环境中汲取经验。这时，儿童的感觉器官会变得十分敏感，透过感官所感觉到的事物，逐渐完成儿童的精神发展。因此，成人应该跟随孩子的兴趣去帮助他们学习，而不是强迫他们学习或是强行灌输知识。

到目前为止，蒙台梭利的著作已被翻译成20多种文字，在中国也有多种对蒙台梭利著作进行翻译、简写或改编的作品，但是按照儿童阶段发展进行编译的比较少，尤其是对学龄前儿童按年龄阶段进行编译的则更少。为了传播蒙台梭利的经典早教理念，我们将蒙台梭利的经典学术名著按照年龄阶段进行全新通俗化编译，策划出版了本套“蒙台梭利早教经典分段育”系列丛书。我们在忠于原著的基础上，对内容、结构进行了梳理，按照不同年龄段进行编译，这样做的目的是：

◎帮助读者根据自身情况更直接地获取相关知识；

◎减少阅读障碍，使读者享受轻松的阅读；

◎基于不同年龄，掌握蒙氏一系列有针对性的教学策略和方法。

本套丛书主要针对儿童早教，包括1~6岁六个年龄阶段，每个阶段的敏感期、学习的重点、教育的核心等皆不相同，据此，书中会给出蒙台梭利所倡导的不同教育策略和智慧。并且，在每本书的最后，我们还附上了根据蒙氏理论与中国儿童实际生活环境编写的早教游戏训练，旨在帮助读者将书中的理论更好地运用在实践当中。

读者既可以按照年龄阶段来进行阅读，也可按照问题进行阅读，这会减轻读者的阅读负担，节省时间和精力。但是，读者在阅读时需要注意，由于个体差异的关系，每个儿童的发展阶段并不能依年龄来强制划分。但前期的发展必为后期发展的基础，发展的过程是无法以跳跃的方式来进行的。这要求我们既需要有针对性的阅读，也需要对孩子和蒙氏教育有整体性的了解。

希望本书的内容可以对读者朋友的生活、学习或工作有所帮助，这将带给原作者及编译者最大的满足。在本书的编译过程中，得到了李好、李值、焦婷、刘斌、杨婷、刘绍勇、刘晨希的帮助，在此一并表示感谢！当然，本书肯定还会存在不少问题，再次恳请读者不吝赐教。

刘　妍

2015年冬

年龄段	整体特质	身心特征	兴趣和能力	心智能力
3～4岁	稳定的注意力	●协调肌肉运动 ●掌握平衡 ●手和脑共同配合 ●建立书写心理一运动冲动通道	●进入书写爆发期 ●书面语言和口头语言平行发展 ●认识数字的概念 ●区分大小、厚薄、长短 ●进行行走、投掷、上下楼梯、起立、跳跃等训练	●喜爱地图，借助观察地图获得更加直观的印象 ●把看到的东西进行形象化处理 ●对世界充满好奇，喜欢反复提问 ●容易将注意力投向熟悉的事物
4～5岁	内心的纪律感	●学习控制肌肉 ●处于试误阶段 ●经过经验积累，动作逐渐协调	●通过自觉“工作”发展纪律 ●安静训练 ●搬动物品训练 ●走直线训练 ●穿脱衣服、系扣子、系鞋带练习	●具有一定的服从能力 ●学会控制错误 ●不会自己判断事情的好坏、美丑、善恶，而是依据大人的标准进行判断
5～6岁	行动中的意志力	●肌肉协调运动 ●在工作中逐渐变得自律 ●动作能与音乐旋律协调	●进行学前能力培养 ●书写能力练习 ●阅读能力练习 ●运算能力练习 ●手工劳动能力练习	●在自由交往中训练意志力 ●有规律的活动逐渐增加 ●意志力增强，学会平衡冲动与抑制 ●学习自己行动、自己做决定、自己思考

续表

年龄段	环境	生活	教育建议
3～4岁	●需要自由活动的场所 ●为孩子准备能培养主观能动性的物品 ●向孩子提供可以引发他们关注颜色、形状、声音、触觉的物品	●注重个人形象和仪表 ●作息规律	●提供适当的训练材料 ●学习要与实际经历相结合 ●教育孩子时语言简洁、清晰、明确
4～5岁	●生活环境要有趣 ●缺少创造性活动会阻碍孩子充分的发展 ●多接触现实，体验和理解环境，能帮助孩子摆脱紊乱状态	●为孩子提供的东西只有一个，让他们学会等待 ●不要给孩子提供过剩的物品 ●不要娇生惯养	●厌食、贪食、噩梦、怕黑等表现可能是由心理问题导致的 ●奖励和惩罚对孩子都是无效的 ●孩子开始做事情时，不要打断
5～6岁	●物品摆放整齐美观，易于取用 ●工作的房间要简洁、舒适，便于孩子自己打扫	●拥有自己的柜子、桌子、椅子等物品，也与他人分享一些物品 ●自己搞个人卫生 ●不光完成自己的事情，还能主动帮助他人	●当孩子遇到困难时，不直接告诉孩子如何做，让孩子自己想办法 ●让孩子接触重大工作 ●应尽可能多的与孩子相处，多让孩子参与家庭生活

目 录

MONTESSORI BRINGING UP
YOUR 5 YEARS OLD
CHILD

第5章　学会爱你的5岁孩子

附　录

第1章

儿童的时代

MONTESSORI BRINGING UP

YOUR 5 YEARS OLD

CHILD

真正的纪律来自内心的爱，爱的光明来自于对“工作”的倾心。

·1·

纪律的习得与纪律感

孩子从小就要学会遵守纪律，因为纪律是个人在社会上生存的团队精神。无论是工作还是社会秩序，纪律都很重要。

任何人参观我们学校，都会对孩子们井然有序的纪律留下深刻印象。

这个班上有3～7岁的40个小家伙。在教学中，他们每个人都专心致志于自己的事情：

有的孩子在一个木头框架上给布系扣解扣；

有的孩子在打扫灰尘；

有些孩子坐在桌边；

有些孩子坐在地板的地毯上；

有些孩子踮起脚尖走动，发出轻微移动的声音；

有的孩子正在进行一项感觉练习；

有的孩子在做算术题目；

有的孩子在玩字母；

有的孩子在画画；

有时候会有高兴的喊叫声，孩子急切地喊着："老师！老师！看！看我做的！"

这些孩子完全沉浸于手中的事情，他们互不干扰。

与此同时，教师也在安静地走着，走到叫她的孩子身边，通过这种方式，任何需要她的人都能感到她就在身边，而不需要的人则根本注意不到她的存在。时间静静流逝，很快就过了几个小时。没有任何话语。

孩子都沉浸于"工作"的巨大兴趣中，他们没有为争抢物品而争吵。这些小家伙被誉为"小大人"，或者就好像"正在沉思的法官"。如果有哪个孩子非常好地完成了什么"工作"，那他的作品就是其他孩子快乐和羡慕的源泉。没有人嫉妒他人的财富，有的只是一个人的成功让其他人都高兴，这样才是真正的素质教育。

3岁的孩子在7岁的孩子身边，静静地"工作"着，就好像他满意于自己的身高，而不嫉妒大孩子的身高一样。这一切都在平静当中进行。孩子看上去都很高兴，并满足于自己所能做的事情，而感觉不到对其他人行为的任何嫉妒。如果出现变化，教师希望孩子们集合起来去做什么，举例来说——

让孩子离开感兴趣的手头“工作”，教师所要做的，只不过是简单地用一种很低的腔调说话或做一个手势。这样，孩子们就会注意到来自老师的信息。他们都会用一种急切的目光看向教师，想要知道如何听从教师的命令。

这样的命令不是武断，而是亲切平等的，老师与孩子之间也是平等的关系。

不仅是教师，所有提出正当要求的人，只要是在尊重孩子的情况下，他们要求孩子做些什么，都会对孩子那种对细节的关系、愉悦地服从，感到震惊。经常有参观者希望听正在画画的小朋友唱歌，只要他们的要求是得体而礼貌的，这个孩子就会放下正在画的画，去唱歌给客人听。而在礼貌地表演完唱歌后，他们就会立刻回到画画中。不过有时候，一些小一点儿的孩子，会在服从命令前，先完成自己的“工作”，因为他们需要别人尊重他们的“工作”。

也许有人会认为：这些孩子是受到了压抑才表现成这样。

其实，事实胜于一切。只要看一看孩子是不是胆小怯懦；

是不是幸福而自由；眼睛是不是明亮；对来访客人希望看他们作品这类请求是不是诚恳对待；接待访客和向访客解释事情时的态度等，就会知道事实并非如此。

这些幼小的心灵正在自由自在、无拘无束地生长，孩子是自己的主人。见到过孩子们摆放餐桌情景的人，都会感到非常吃惊：

> 一个4岁多的小侍者，将刀、叉和调羹拿上来，放在不同地方，然后他又拿出5个餐盘和玻璃杯。最后，他给每张桌子送上装满热汤的汤盘。在这中间，他不会犯一个错误，不会洒落一滴汤，也不会打碎一个玻璃杯。
>
> 在用餐期间，这些不起眼的小侍者，尽心尽责，专注地看着桌子，就餐者汤喝完后，立刻就会有人再添上。同样，如果有人想要下一道菜，侍者就会敏捷地收走汤盘。整个进餐过程，非常愉快。

一般4岁的孩子总不停大喊大叫、总是摔坏东西、需要别人伺候。联想到他们，所有人都会被刚才所描述的场景深深打动。这些孩子的表现很明显是来自于潜藏在人类灵魂深处能量的发展，这些孩子将来的人生质量会很高。

这些孩子的行为很有条理，生活也在深化和拓展。这种纪律是通过对孩子们进行艰苦练习实现的，这不是依靠教师而是依靠一系列发生在每个孩子内心世界的奇迹而实现的。这种纪律不可能通过命令、说教，或任何普遍适用的纪律措施来实现。

纪律需要通过自觉“工作”来发展

大家都知道：依靠训诫和劝告来实现纪律，不会起作用。在一开始使用这种方法时，也许会有一定效果，但这样得到的纪律在遇到现实时很快就化为泡影。的确如此，真正的纪律来自内心的爱，爱的光明来自于对“工作”的倾心。

我们已经知道，在某一特定时刻，恰巧孩子正对一件“工作”非常投入，这可以从他的面部表情、注意力和对同样练习的坚持当中体现出来。这样，孩子就迈出了指向纪律的第一步。无论孩子正在做什么练习，系扣子或鞋带练习也好，洗盘子练习也好，感觉练习也好，他们都表现出纪律性。纪律并不是通过说教实现的，没有人“通过听其他人说教”就学会了自律。

静止不动，集中注意于远处低声传来的名字，接下来，认真协调好动作、不碰到桌椅，踮起脚尖来走路——这些都非常有效。同时，老师也可以施加一些影响，比如，重复“有关安静的课程”来使这种现象更持久。这些练习可以为个性、运动神经力量和心智的发展做准备。

一旦孩子形成“工作”习惯，老师就必须严格监督，练习要按照经验循序渐进。在努力建立良好纪律的过程中，老师必须严格应用方法原则。

纪律通常通过间接手段来实现，不通过指出错误改正，而通过自觉“工作”过程来发展。纪律需要一系列完善的动作做准备。这种“工作”可以让孩子变得有条理，在孩子个性无限发展的可能性面前打开广阔空间。

孩子的“工作”不能是随意的，因此老师的工作就需要非常精确。孩子的“工作”必须是人类本能渴望做的，必须是人类潜在的自然倾向指向的“工作”，必须是使个人一步一步前进的“工作”。

我们可以观察到，幼儿所表现的自控缺乏主要是一种肌肉纪律的缺乏。孩子们总处于一种不协调的运动状态：摔倒在地，做出各种古怪的姿势，发出大喊大叫的声音。通过这些表现，要看到潜藏在深处的：一种寻求建立协调动作的趋势，以后协调动作会逐步建立起来。

年幼的孩子还不能协调使用身体不同的肌肉进行运动，但他们最终会建立起多种运动。在成长的过程里，孩子正处于一个充满错误的试误阶段，他们要努力实现潜藏在本能之下的目标。孩子的意识也还不清晰，需要经历经验积累的过程，然后才会走向协调。对一个幼儿说“像我一样一动不动地站着”根本没有任何作用，命令也不能给处在进化中、想要建立起秩序的“个体心理——肌肉系统”以帮助，因为这是不切实际的命令。

有利于培养纪律感的动作

给孩子教授所有的协调动作，并尽可能分析这些动作，一步一步发展这些动作：

- 教会孩子安静。
- 教会孩子静止不动的不同程度。
- 教会孩子从椅子上面站起来或坐下的动作，走路，用脚尖走路，按照画在地上的一条直线行走，并保持平衡。
- 教给孩子移动物体，将物体小心放下。
- 教给孩子一些与穿衣服和脱衣服有关的复杂动作，比如，对系鞋带和扣扣子的动作进行分析总结。

对孩子进行教学时，要在幼儿每一项练习中对整个动作的每一部分进行分析。静止不动和动作的完美连接是在“安静——别动——”这种习惯性命令当中产生的，但是教师的命令必须得体与恰到好处，孩子是通过这种练习学习自律的。而在此时，他们还缺乏对肌肉的控制。人们没有必要为此感到惊奇，这是很自然的事情。

孩子处在运动中，所以他们对自然情况就有反应。这种指向一定目的的运动，已不再呈现出无序，而会以“工作”的形式出现。这就形成了纪律，它代表通过努力可以实现的结果。

通过这种方式，学会自律的孩子，已不再是开始时的样子。那时，他们只知道如何被动成为好孩子。

工作通常可以突破年龄的限制，让个体不断完善自我，大步向前迈进，实现真正的自律。孩子也可以扩大自主的范围，不再需要身边总有人告诫他：“安静！做个好孩子！”这样做实际上混淆了两个相对的概念：孩子所达到的安静和完善并不能被归结为懒惰，这种安静完全建立在行动的基础上，是动作的结果。

事实上，我们说的完善人，指的是那些向着完善不断迈进的人。这种完善是由他们自身的自我发展和有序的外部行为构成的。这样的孩子是有真正素质的孩子。他们不是只听大人命令、专门听话的工具。在孩子的学习与锻炼中，外部行为是刺激内部发展的一种方式。这两种要素紧密交织在一起，就让“工作”发展了孩子的精神性。

在学习和游戏中，拥有更深精神发展层次的孩子则会做得更好。而当孩子将“工作”做得更好时，他们会更加高兴，更愿意继续发展精神性，这都是良性循环的实例。

习得纪律的好处

孩子不但学会了运动和有用的动作，还掌握了一种优雅的姿态。这时，他们对自己更有信心，双手更美丽，姿态更富吸引力，整个身体更平衡。孩子学会了一种雅致，他们的眼睛变得更加真诚明亮、面部表情更加优美，精神生活的火种在孩子身上更加明亮。

很明显，协调的动作要比无序动作省力得多。这些却是一点一点自发发展而来的，并由孩子自己选择的练习来执行。

✕当儿童只以一种无序、割裂的方式运动时，他的神经力量就将处于紧张中，而得不到休息安静。

✔当孩子通过智慧进行运动时，儿童的神经力量就会不断增长扩大，儿童会获得一种真正的满足感，还有征服自我的骄傲感。

经过上述过程，幼儿会发现自己超越了不可逾越的障碍。在他们周围，有一些指引他们的神秘力量。这是什么呢？可以称之为积极的智慧，来自别人有益的经验。这些都可以融合并应用到孩子的身上。

唤起儿童内心的纪律性

成人经常错误地认为，命令可以让孩子实现一种自主行动。这种强迫性的自主行动确实存在，成人将这样的孩子称为“听话的孩子”。成人的这种认识其实是一种偏见，他们之所以如此强调孩子听话，是因为在让孩子听话的过程中，他们遇到了重重困难。

孩子在四五岁时，不听话甚至抵抗行为会非常剧烈，以至于很多成人都会感到绝望，几乎要放弃让孩子听话这种努力。

其实，内心深处的纪律性不是与生俱来的，而是后天形成的。而为这种纪律性的形成指明方向就是我们的任务。这一点我们应该永远记住，当儿童可以集中注意力关注对他们有吸引力的事物的时候，他们就已经具有了这种纪律性。这些具有吸引力的物体可以给儿童非常有用的实践经验，而且还有助于儿童对错误的控制。这些实践经验可以使儿童的心理体现整体上的一致性，让他们变得安静、快乐，甚至达到一种忘我的境界，帮助他们做到宠辱不惊。儿童具有的征服世界的能力是惊人的，它展示出人类心理所具有的价值。而教育者的工作就是给儿童指出一条通向完美的道路，教给他们一定的方法，帮助他们排除种种障碍……而教育者也有可能成为最大的障碍。假如儿童已经具有了纪律性，那就不需要我们的工作了。儿童可以凭借自身的本能去克服各种困难。

有些进入我们学校的幼儿，他们所面临的情况就十分严重。他们深深地藏起自己的本性，形成一种防御的意识。我们已经看不到他们身上本应具备的安静、平和与智慧。他们表现出非常浅薄的个性，比如，行动懒散、表达不清、不服从成人的管教等。

儿童的智慧和纪律正等着我们的唤醒。尽管这些儿童受过压制，可并没有完全被打倒，他们的问题并不是无法改正。与此同时，教育者也要记住，儿童的防御性反应和不良行为会阻碍他们正常的心理发展，要想让儿童达到完全的自由，就必须排除这些障碍，给他们提供足够的精神空间和一定的发展机会。

这应该作为教育的起点。如果教育者不能区别纯粹的冲动和平静的心理产生的能力，那么他的行为就无法产生结果。教育者工作有效性的基础就是区别出这两种行为。这两种行为都是按照儿童的自由意愿进行的，但会导致完全相反的结果。区别出这两种行为的教育者才能够成为儿童真正的观察者和指导者。

当儿童可以把注意力集中在某个事物上的时候，他们就能够渐渐地恢复健康，各种功能也会渐渐地正常发挥出来。

·2·

缺乏纪律性造成的异常

我们将讨论3类缺乏纪律性造成的异常，并简单地描述它们的特征。

第一类：自主行动异常

这种类型常表现为动作不和谐或统合失调。有些行为笨拙的孩子或许还会做出具有其他特征的举动，比如，举止无礼，行动时有前冲或旋转的动作，常常大声喊叫等。可是对于诊断来说，这些行为没有多大价值。通过训练，我们能够让儿童的早期运动行为协调起来，使他们的自主行动异常情况相应地减少。教育者不需要一一去纠正在儿童正常发展过程中出现的各种失调表现，只需为儿童提供一种有趣的形式或者方法，使儿童能够正常发展协调运动就可以了。

第二类：无法将注意力集中在某个物体上

这样的儿童常常喜欢玩石块或者树叶之类的东西，而且爱跟这些东西说话。他们总是进行一些空想。他们长大以后，想象力更会天马行空。然而，他们的大脑越偏离正常的功能，他们就越会感到疲劳，最后甚至会被想象所俘虏。

不幸的是，很多人却觉得这种影响个性发展的空想能够促进心理的发展，认为这是具有创造性的想象力。实际上并不是这样的。对于儿童来说，这种想象力就是石头、树叶，除此之外什么都不是。

人的精神世界是在可以同外界和谐相处的完整人格的基础上建立起来的。空想远离我们的现实世界，这种发展状态并不是正常的状态。空想会导致错误想法的产生，也不能让我们的思想和谐起来。人应该去关注现实的事物，空想却会对人类关注现实事物产生一定的影响。我们可以这样说，空想就是精神依赖的器官的一种萎缩。或许教育者可以通过某种方法把儿童的注意力吸引到具体的实物上，比如，让孩子去摆桌子，但这些方法都起不到什么实际的作用。消除这种不良症状的最好方法就是帮助孩子进行协调的运动，使他们把注意力集中在现实的世界。

我们无须一一去纠正儿童的各种不良症状，当儿童可以把注意力集中在某个事物上的时候，他们就能够渐渐地恢复健康，各种功能也会渐渐地正常发挥出来。

第三类：模仿的倾向

第三种类型跟另外两种类型联系非常紧密，而且这种倾向更加具有现实意义。它是人类的一种根本性的弱点，是一种心理的退化形式。因为儿童还没有形成相应的能力，他们只能在行为中去模仿别人。这种模仿不是儿童的正常发展，对儿童的提高没有任何的帮助，只会让儿童走下坡路。这时候，儿童就如同没有帆的船一样只能随波逐流。

一个孩子可能会做错事或者大吵大闹，比如，他会躺在地板上又笑又叫，其他的孩子也可能学他的样子，甚至表现得更严重。这样的行为将在儿童群体中传播，更有甚者还会传到这个群体之外。这种“群体本能”将会让大量的儿童出现反常的表现，做出违背社会常规的举动。这样的模仿行会将个体的缺陷传给其他人，从而造成整体的退化。这样的退化越严重，我们就越难将儿童拉回正轨。可是，当我们把儿童拉到正轨上来时，那些不良的表征就会随之消失。

儿童的服从意识是逐渐发展起来的，是在心理逐渐成熟的过程中以一种自然的、不期而至的方式出现的。

·3·

服从的3个阶段

为服从命令，一个人不但要怀有服从的愿望，而且要知道如何去服从。

当有一条正确的命令要求孩子去做某种特定事情时，为了对服从进行准备和执行，应当让孩子通过练习间接地学会服从。

当孩子完成了直接指向某一特定目的的协调动作时，当孩子耐心地重复练习时，当孩子完成了他要做的事情时，他也正在训练着自己的意志力。

一系列的复杂练习中，孩子通过活动，也建立起了对自己的自制能力。其中一项自制能力训练是有关数学学习的。

> 当孩子抽到写有数字的签时，必须从自己面前拿走相应数量的物品。这个游戏看起来好像可以随便拿东西，实际上孩子只能根据签上相应的数字来拿。孩子总希望可以尽可能多地拿物品，但是如果一个孩子恰巧抽到0，那他就必须两手空空，耐心坐在那里。在“0的教学”里，还有其他有关小孩自制力的训练。当一个孩子被叫到老师这里0次，亲吻0下时，他必须静静地站着。在执行中，孩子也在努力学习服从命令。

其实，我们很容易就能发现：服从是人类的一种自然表现，是人类的一种正常特征。儿童的服从意识是逐渐发展起来的，是在心理逐渐成熟的过程中以一种自然的、不期而至的方式出现的。实际上，如果人类不具有“服从”这种品质，如果人类在进化的过程中没有获得这种品质，人类的社会生活将无法想象。

但是，大量事实也清楚地表明，人类具有了过剩的服从意识，这恰恰是导致人类走向毁灭的原因。由于我们缺少对服从的控制，这些服从以一种不受控制的方式呈现，是一种可以毁灭一个民族的服从。我们这个世界从不缺少服从，相反，服从是人类心理发展的一种极其自然的心理现象。

在对自然状态下成长的儿童进行观察时，我们发现服从意识的发展是人类最为重要的特征之一。我们的观察为这个问题的研究指明了方向。

服从意识的发展与儿童心理其他方面的发展过程基本相同。首先，它们都受到“有目的”的冲动的影响，然后都进入意识的层面并且逐步发展，最终都纳入意识和意志的控制之下。

接下来，我们将探讨服从对于一个人来讲到底意味着什么。

过去，人们认为服从就意味着：孩子服从父母和老师的命令，完成他们安排的工作。可是，如果我们对服从意识的自然发展过程进行研究，就会发现服从要经历3个阶段：

第一阶段：反复无常阶段

服从的第一个阶段：儿童有时听话，有时不听话，看似有些反复无常。

服从不只是依赖于所谓的“好的愿望”。相反，儿童在服从的第一个阶段的行为只受有目的行动的控制。所有的儿童都是这样，这种情况一直会持续到儿童1岁。在1～6岁，这种情况会逐渐减少，甚至很少出现，儿童逐渐有了自己的意识，具备了自我控制的能力。在这个阶段，儿童的服从意识与他们所具有的能力有着密切的关系。儿童要服从某项命令，就需要达到一定的成熟度，具备一定的能力。比如，我们都知道命令一个人用鼻子走路是很荒谬的，因为从物理的角度讲这是不可能的。同样的，命令一个不会写字的人去写信也是很荒谬的。

对于3岁以下的儿童，如果命令不符合他们内心的需求，他们是不会服从的。因为儿童的心理还不具备这种能力。对于一个3岁以上的孩子来说，他要想服从命令也必须具备一定的能力。他不可能突然之间就学会服从他人的意志，也不可能突然就了解做某件事情的原因。

儿童的内心深处正在经历一种成长过程，这个过程可以被分为几个阶段。处于这个成长过程中的儿童，可能会根据别人的要求去做某件事情，但是这只能说明他刚刚初步掌握某种能力。要想让儿童能够熟练运用这种能力，还需要一段时间进行巩固。

在儿童首次获得运动能力时，这种情况就有体现。儿童在1岁大时开始尝试走路，但他会不停地摔跤，一段时间之后他就不再摔跤了。当儿童完全具备走路这种能力时，他就可以随心所欲地使用这种能力了。

另外一点也非常重要，儿童在这一阶段具有什么样的服从意识，首先取决于他具有了什么样的能力。可能儿童第一次服从了命令，但第二次又不服从了。很多老师都认为孩子这样做是故意的，所以总是对他们进行责骂，这种责骂很容易阻碍儿童能力的发展。这里有一个非常有意思的例子：

瑞士著名教育家裴斯泰洛齐的教育理论对现代教育的发展具有十分重要的影响。父爱教育理论是他最早倡导的教育理念之一。同时，他提出的教育工作者应该对儿童正在面临的困难表示同情，对他们的错误行为进行宽恕和原谅等教育理念，对今天的教育界仍然具有深刻的意义。

但有一个问题是教育家无法宽恕也无法原谅的，那就是儿童的反复无常。他无法忍受一个孩子一会儿听话、一会儿又不听话。如果孩子第一次完成了他的命令，那他就认为这个孩子具有了做这件事的能力。裴斯泰洛齐就无法接受儿童的这种表现，他的父爱也在这时消失无踪。试想，连裴斯泰洛齐这样的教育家都不能忍受儿童的反复无常，更不要说其他老师了。

没有比在能力的形成期打击儿童的积极性更有害的了。如果儿童还不能完全控制自己的行为，如果他们连自己的意志都还不能服从，他们又怎么会去服从别人的意志呢？这就是儿童时而听话、时而不听话的原因。这个问题不仅会体现在儿童身上，在很多成人身上也会出现。比如，一位乐手可能在某一次弹奏时表现得很好，而在另一次演奏时却表现得很差。

这种时好时坏的表现不是他个人意志的原因，而是他还没有完全准确、熟练地掌握这首曲子。

所以，服从意识发展的第一个阶段，儿童有时会服从命令，有时不会服从。在这个阶段，儿童的服从和不服从是相伴存在的。

第二阶段：随时可以服从

服从的第二个阶段：儿童随时可以服从命令，在控制自己时不再有障碍。

儿童的服从意识已经得到了巩固，他不但能够听从自己的意志，而且也能够听从他人的意志。这是服从意识发展历程上的一个重大进步，就像一种语言能够翻译成另一种语言一样。儿童可以领会他人的意图，并且可以通过自己的行为表达出来。

正如我们前面所说的，儿童的这种服从水平是当前教育界所期望学生达到的最高的服从水平，也是大多数老师最为关注的学生的基本能力。

但是，在自然规律的指引下，儿童的发展进程还远远没有结束，他们所能达到的发展前景远比我们期待的更高，他们的服从意识还会发展到第三个阶段。

在服从的第二个阶段，儿童已经能够运用他们刚刚获得的各项能力了，但他们并没有停留在这个阶段，还会向更高的层面发展。儿童似乎已经认识到，老师能够做他们无法完成的事情，于是他们在心中对自己说："这个人的能力比我强，他可以帮助我的大脑发展，让我变得同他一样聪明！"这种认识给儿童带来了无限的快乐。这种可以从另一个人身上学到东西的发现激发了儿童巨大的服从热情，儿童会不停地等待老师发出命令。这是一种非常有趣的现象，我们可以把儿童的行为与狗进行一下比较：

> 一条忠实的狗对主人怀有好感，并且会随时等待接受主人的命令。狗会注视着主人手里的球，一旦主人把球抛向远方，它就会跑过去追球，并得意扬扬地把球叼回来，然后再耐心地等待着主人发出下一个命令。它渴望得到主人的命令，并且能在服从命令中得到快乐。

第三阶段：急于服从

服从的第三个阶段：儿童好像急于接受和执行他人的命令。

我曾经听一位女老师讲过这样一个有趣的例子：

这位女老师有10年教育经验，她把班级管理得非常好，也习惯于给班里的同学提一些建议。

有一天，女老师对全班同学说："把东西都收拾好！在你们放学回家之前一定要做好这件事。"在她的话只说完了前半部分"把东西收拾好"时，孩子们就开始迅速地收拾东西，直到听到老师的后半句话才停下手里的动作。

孩子的服从意识表现得这么迅速，使老师必须改变自己的说话语序。实际上，老师在这种场合应该这样说："在你们今天放学回家之前，把东西都收拾好。"

这位女老师说这样的事情时有发生，学生这种迅速的反应促使她在说话前必须进行谨慎的思考。她认为这是老师的责任。与我们普遍认为的"我们可以随意地以自己习惯的方式发号施令"相反，这位女老师觉得老师的这种权威地位给她带来了一种压力。

还有一次，教室里的学生十分吵闹，女老师想在黑板上写上"安静"这个词，提醒学生。她刚把安静的第一个字母写出来，整个班级就已经变得一片静默了。

我们的学校引入的“肃静游戏”也为这一问题提供了另一方面的佐证，但这时孩子的服从具有了多种层面的意思。

在游戏中，我要求一个群体保持肃静。在这个群体中的所有孩子以高度一致的方式保持肃静，以一个整体对我的命令进行认同。

我们都知道只有所有人都保持安静时，安静的状态才能实现。只要有一个人出声都会打破这种安静状态。要想获得这样的安静状态，就需要所有人都要同时有意识地保持安静——群体意志感就是这样产生的。

我们发现，随着游戏的不断重复，这种群体意志感也不断地增强，孩子保持肃静的时间也越来越长。于是，我们又在游戏中加了“点名”这个环节。

当我们轻声地点到某个孩子的名字时，他要以非常慢的速度站起来，尽量不发出声音，其他孩子则保持原来的姿势不动，直到最后一个孩子被点到名。

我们可以想象最后一个被点到名字的学生要等多么长的时间！孩子的意志力已经发展到了相当高的水平。

这种练习可以提高孩子对自己冲动和行为的控制能力。进行这种游戏的儿童，可以通过行为和对自己行为的控制来锻炼意志力。在游戏的锻炼中，这些孩子所组成的群体会成为非常优秀的集体。我们发现这个群体中的每一个孩子都具有服从意识，因为服从意识所必需的所有要素他们都已经具备了。

当意志的发展进入了最后阶段，儿童具有了一定的服从能力，这种服从能力又促进了儿童服从意识的形成和发展。这时，儿童的服从意识已经达到了很高的水平，不论老师的命令是什么，他们都可以立即执行。

儿童经常会拒绝奖励，这表明儿童奖惩的意识还没有觉醒。从此，我们就不再对儿童进行奖励或惩罚了。

·4·

尊重儿童纪律性的发展

奖励和惩罚

有一次，我在学校看到一个孩子独自坐在教室中央的一把椅子上。他只是坐在那里，什么也不做。他的胸前佩戴着一枚奖章，这是老师给表现好的孩子的奖励。然而，老师告诉我，这个小家伙正在接受惩罚。

原来是另一个孩子获得了这枚奖章，那个孩子一开始把奖章别在了胸前，后来又把奖章送给了这个孩子。对那个获得奖章的孩子而言，奖章好像根本没有意义，并且还妨碍了他的工作。

坐在椅子上的孩子，毫不在意地看了一眼奖章，然后就开始安静地环顾教室，没有一点儿羞耻感。

仅仅这一件事，就使我们认识到奖励和惩罚对孩子都是无效的。但是我们还应该进一步做更细致的观察，长期的观察恰好印证了我们最初的直觉。后来，这位老师再也不愿意去奖励或惩罚孩子了，因为孩子根本就不在乎她的奖励和惩罚。更令我们感到惊讶的是，儿童经常会拒绝奖励，这表明儿童奖惩的意识还没有觉醒。从此，我们就不再对儿童进行奖励或惩罚了。

安静的力量

尽管孩子在活动中拥有较大的自由，但他们大体上给人的印象是非常有纪律的。他们都能安静地工作，每个人都十分专注地做自己的工作。当他们去拿或换他们所用的物品时，都是安静地走去走回的。有时，他们会离开教室，去张望一下院子，然后再回来。他们在执行老师的要求时，动作快得惊人。有一位老师告诉我："他们能准确无误地照着我的话去做，这使我感到，我应该对自己说的每一句话负责任。"

实际上，如果老师要求孩子进行安静练习，那么在她说完要求之前，他们都会一动不动。然而，这种表面上的服从既没有阻碍他们的独立活动，也没有妨碍他们根据自己的兴趣安排一天的工作。他们会选择工作的物品和工具，并把学校整理干净。如果老师来迟了，或者把孩子单独留在教室里，孩子的一切活动都会照常进行。让参观者最着迷的就是，这些孩子能够将秩序、纪律和自发性完美地结合在一起。

即使在十分安静的状态下，孩子们也能表现出很好的纪律性。几乎在还没有得到要求之前，他们就已经把事情都做好了。究竟是什么使孩子们形成了这些美德呢?

当儿童进行工作时，教室中充满了宁静的气氛，令人十分感动。没有一个孩子破坏这种氛围，也没有一个孩子通过外在的方法建立这种氛围。

纪律性的脆弱

孩子们总是难以认真持续关注一种物品，他们总是摆弄完一种物品后就又去摆弄其他物品。对于每种物品，他们都只是摆弄一次。没有一种物品可以激起他们的兴趣，并使他们得以发展自身的能力，他们的个性也无法获得锻炼。不停地变换让儿童就像花朵间的蜜蜂一样穿梭着，他们却找不到一朵令他们满意的花可以让他们采到蜜，这种变换无法给儿童的心理带来和谐。如果儿童内心那种强大的、促使他们性格和心理发育的本能行为没有觉醒，儿童就不可能进行工作。

老师会因为这种不稳定局面的出现而感到工作特别难做。他无奈地穿梭在孩子们的中间，同时把自己的焦虑传递给了孩子们。很多为此感到厌烦的孩子会在老师转身之后胡乱地摆弄那些物品。老师待在一个孩子身边的时候，另一个孩子又会出问题。道德和智力始终没有发展，它们仍然在等待有人去开发。

这种纪律性是非常脆弱的。为了不造成无序的状况，老师就一直处在紧张的状态中。很多老师训练不够，经验不足，他们对“新来的儿童”寄予了很大的期望，也做了不少的工作，可是收到的效果不明显。结果，他们就得无奈地承认，这种紧张的状态对儿童没有丝毫的好处，对老师更是一种折磨。

老师必须了解儿童的这种情况。这些儿童的心理处在转型的时期，而他们的发展大门还没有打开，这些孩子还徘徊在门外。其实，我们也几乎看不到他们有什么发展。这种情况更像是混乱而不是有序。在这种情况下，儿童不可能完美地完成工作。他们基本可以进行协调的运动，可是缺少力量与美感，而且表现不稳定。这些孩子的状态仿佛是大病初愈。这是孩子发展过程中的一个关键阶段，老师必须发挥出两种不同的功能：对他们进行监督、对他们逐个地进行教育。老师一定要逐个地去教授孩子每种物品的使用方法。老师为孩子提供帮助有两种主要的方法，就是对班级进行全面的监督和个别性的指导。

在这个阶段，老师一定要记住：

- 不要背对着其他的孩子去单独指导某个孩子。
- 一定要保证自己存在于这些迷茫的孩子面前。
- 老师应当逐个地去指导学生，这种指导要通过一种特别亲密的方式进行，否则就无法打动儿童的心。

总有一天，这些孩子的小小心灵将觉醒，他们手中的物件能够引起他们的兴趣，他们不停地重复使用这个物品，他们的注意力也得以集中，他的手工技能也会有所提高。这种积极、满足的状态说明，儿童的心理迈进了一个崭新的阶段。

本章小结

蒙氏养育观点

孩子们总处于一种不协调的运动状态：摔倒在地，做出各种古怪的姿势，发出大喊大叫的声音。通过这些表现，要看到潜藏在深处的：一种寻求建立协调动作的趋势，以后协调动作会逐步建立起来。

大家都知道：依靠训诫和劝告来实现纪律，不会起作用。在一开始使用这种方法时，也许会有一定效果，但这样得到的纪律在遇到现实时很快就化为泡影。的确如此，真正的纪律来自内心的爱，爱的光明来自于对“工作”的倾心。

一旦孩子形成“工作”习惯，老师就必须严格监督，练习要按照经验循序渐进。在努力建立良好纪律的过程中，老师必须严格应用方法原则。

儿童的服从意识与他们所具有的能力有着密切的关系。儿童要服从某项命令，就需要他们达到一定的成熟度，具备一定的能力。

蒙氏养育指导

□ 纪律通常通过间接手段来实现，不通过指出错误改正，而通过自觉“工作”过程来发展。

□ 内心深处的纪律性不是与生俱来的，而是后天形成的。而为这种纪律性的形成指明方向就是我们的任务。

□ 与此同时，教育者也要记住，儿童的防御性反应和不良行为会阻碍他们正常的心理发展，要想让儿童达到完全的自由，就必须排除这些障碍，给他们提供足够的精神空间和一定的发展机会。

□ 当孩子完成了直接指向某一特定目的的协调动作时，当孩子耐心地重复练习时，当孩子完成了他要做的事情时，他也正在训练着自己的意志力。

□ 老师一定要逐个地去教授孩子每种物品的使用方法。

□ 在这个阶段，老师一定要记住，不要背对着其他的孩子去单独指导某个孩子，一定要保证自己存在于这些迷茫的孩子面前。

第 2 章

性格形成靠儿童自己

MONTESSORI BRINGING UP

YOUR 5 YEARS OLD

CHILD

在一个阶段中个体的需求获得的满足越多，在下一阶段就会发展得越好。

·1·

儿童性格发展的特征

儿童性格的阶段特征

人类从出生到18岁成年可以分为3个阶段：

- 0～6岁。
- 6～12岁。
- 12～18岁。

每一个阶段又可以分为两个小阶段。如果我们对各个阶段进行单独研究就会发现，在不同的年龄阶段，人们的心理典型特征具有显著的差异，而且不同个体也表现出明显的差别。

⊙ 0~6岁阶段：进入创造性阶段

我们都知道，0～6岁是一个创造性阶段。虽然刚刚出生的婴儿还没有形成性格，但他们的性格恰恰是从这时开始发展的。0～6岁是人生最重要的阶段，对性格的发展也具有非常重要的作用。

我们也知道，我们无法对尚在襁褓的婴儿施加任何外在的影响，是大自然为他们性格的发展奠定了基础。这些婴儿没有“好”与“坏”的意识，不受我们道德观念的控制。事实上，我们也不会用“坏”或“不道德”来评价某个孩子，而只会用“调皮”来形容他们。因此，在这里我们也不会使用“好”“坏”“道德”等词语。

⊙ 6~12岁阶段：具有了初步道德感

在6～12岁阶段，儿童开始有了“好”与“坏”的意识。他们不但能够用自己的好坏标准评价自己的行为，也能够评价别人的行为。学会辨别“好”与“坏”、“正确”与“错误”，是这个年龄阶段儿童的主要特征。这时，儿童也具有了初步的道德感。这种道德感最终会促使他们形成一种社会意识。

⊙ 12~18岁阶段：拥有民族荣辱感

在12～18岁阶段，儿童知道了要爱祖国，意识到了自己是属于某个特定的民族或种族，也产生了相应的荣辱感。

虽然正如上文中所说的那样，每个阶段都与其他两个阶段具有显著的差异，但事实上每个阶段也都为下一个阶段打下了基础。要想在下一个阶段进展正常，就需要在前一个阶段得到良好的发展。就像毛毛虫和蝴蝶在外形和行为上虽然是不同的，但蝴蝶的美丽是由毛毛虫蛹化而来，而不是向其他蝴蝶模仿而来。只有拥有现在，才能创造未来。在一个阶段中个体的需求获得的满足越多，在下一阶段就会发展得越好。

性格发展的关键阶段

儿童出生后的最初几年是非常重要的。在出生后的2～3年内，儿童所受到的影响可能会决定他们的一生。在这期间，如果他们受到伤害、暴力或其他不良的影响，其性格就有可能发生偏离。也就是说，如果儿童在发展的过程中遇到障碍，就有可能导致他们的性格偏离正轨；如果他们能够自由发展，他们的性格才能正常发展。

如果我们想对儿童在0～3岁时形成的缺陷进行治疗，那么我们就要把重点放到3～6岁这个阶段。因为大自然这时还在忙于帮助儿童形成和完善他们其他的能力。

如果儿童在0～3岁时造成的一些缺陷没有得到弥补，那么这些缺陷将会一直保留下来，影响也会越来越严重。通常这种情况都是由于成人的忽视或错误的治疗造成的。如果儿童在6岁之后仍然留有3岁之前形成的性格缺陷，那么这些缺陷将会对第二个阶段（6～12岁）产生影响，妨碍他们对正确和错误的认识。

不及时弥补缺陷会影响性格

6岁以后的儿童可能会受到前一阶段缺陷的消极影响，出现一些不正常的特征表现。比如，6～12岁的儿童应该表现出一种道德感的特征，但在他们身上没有出现；或儿童的智力发展水平低于正常值，等等。所以，这样的儿童可能既在性格方面有缺陷，也在学习上有困难。在成年之前的最后一个阶段，他们已经存在的缺陷还会导致其他更多的缺陷产生。最后，这个人可能就会变成一个废人。

现在，在我们的学校和其他许多学校，我们为每一个儿童都准备了一个记录身体发育和心理发展的档案。这可以为老师提供一些指导。

儿童身体发育和心理发展档案

父母和遗传	父母遗传疾病方面的信息	
	儿童出生时父母的年龄	
	母亲怀孕期间的一些情况（如，母亲是否在怀孕期间发生了什么意外情况，是否曾突然摔倒）	
儿童出生时的情况	儿童的出生过程是否正常	
	出生时是否健康	
	出生后是否曾经缺乏活力	
家庭生活的其他方面	父母是否对儿童的期望值过高或过于严厉	
	儿童是否受到过惊吓	
	其他	

如果我们了解了儿童在每个阶段所受到的影响，就能推测他们心理问题的严重程度，并采取合适的对策。

如果儿童在性格方面表现出怪僻、反复无常等特征，我们就会对档案进行研究，找出原因。在3岁之前就来到我们学校的孩子，通常会有这样或那样的不正常表现。但是，这些不正常的表现都在他们以后的生活中得到了矫正。当儿童被新的环境所吸引，具有了进行创造性活动的动力时，他们具有的所有能力就会结合起来，他们的性格也会由此趋于稳定，偏离正轨的性格也会得到回归。

抓住建立性格的时期

我们的工作必须从儿童出生开始，从他们的个性和性格还没有形成时开始，直到他们的性格和个性完成发展。自然规律深深地植根于人们的潜意识中，并且决定了人的心理发展。所有人都必须遵循这条自然法则。人与人之间的绝大多数差异都取决于他们以后的生活。因为在人生旅途中，人们会遇到各种不同的障碍，这些障碍又会对人们的心理起到不同的影响作用。

当然，我们的理论要能够解释从出生到成熟各阶段的性格。但是，现在我们要暂时将儿童的生活作为主要的研究对象，然后以此为依据，对个体在适应社会的过程中逐渐形成的不同发展形势进行研究。

人的性格形成于创造性的阶段。如果那个阶段里没有完成性格的塑造，那么它将永远无法形成，一切说教都发挥不了作用。

·2·

儿童是自己性格的塑造者

儿童的性格不是成人教出来的

从儿童的行为中我们可以观察到，儿童是通过一系列的个人努力才实现了性格的发展。儿童所做的努力主要由他们的创造性潜能和在日常生活中遇到的障碍决定，与外界因素没有关系。

儿童的性格不是由成人教出来的，而成人能够做的只是对儿童进行科学的教育，让他们可以有效地完成这个过程，而不受打扰和阻碍。

成人在后来能对儿童的思想产生一些直接的影响，但这只能通过说理和劝告来实现。

● 直到儿童6岁左右的时候，成人才能够对他们进行说教。因为儿童在6～12岁的阶段才开始有良知感，才能够对好坏进行辨别。

● 在12～18岁的阶段，我们可以对孩子施加的影响就更多了。因为这时候的孩子已有了热爱祖国、社会感以及宗教信仰等各种理想和观念，于是，我们就可以对他们进行一定的说教和劝告了，就像对成人那样。

然而，非常遗憾的是，这些都是在儿童6岁之后发生的，这时候他们就不能再自然而然地塑造自己的性格和个性了。从此，我们将会发现，我们所面对的儿童已经很难接受我们的想法了，我们只能用间接的方式对他们施加某种影响。

孩子们的老师常常会抱怨，虽然他们可以教授科学、文学等知识，可孩子们不能进行相应的学习。孩子们不能学习的原因不是他们的智商不够高，而是他们缺乏良好的性格。性格上存在问题，“动力”就会不足。只有那些具备基本的优秀性格或者个性的人才会学到东西。而在大多数的情况下，儿童都尚未形成一定的性格，就让儿童集中注意力是没有用处的，因为他们根本做不到。他们根本就没有形成仔细认真的个性，那我们如何要求他们仔细认真地完成一件事情呢？这就像要求没有腿的人好好走路一样，是不可能实现的。儿童只能在实践中获得这种能力。

性格形成的创造性时期

那么，我们应当怎样做呢？人们往往会说：“对年轻人要耐心一些。我们要给他们树立榜样，使我们的个人意愿能对他们产生影响。”我们希望时间和耐心能够取得一定的收获。事实上，我们什么也收获不到。到变老的时候，我们还将一无所获。空有时间和耐心是无法取得任何结果的，所以我们一定要抓住儿童建立性格的那个创造性的时期。

当我们将人类看作一个整体，就会发现，尽管成人与儿童有很多不同，可能主要表现在各自的缺点上，可是他们的内心有一些东西是共通的。人都有一种自我发展的倾向，这种倾向或许是在潜意识中存在，或许是模糊的。人们往往会因为某些精神上的东西而感到兴奋。尽管这种倾向对人类性格缺陷产生的影响是微小的，但它必将对人类的发展具有一定的作用。无论是人类的个体还是整个社会，都有这种不断发展的倾向。人类总是向着好的方向发展，从外界来讲是这样，从内心来讲也是这样。也就是说，人类的行为是发展的，而不是不变的。人类始终有一种向前发展的欲望。

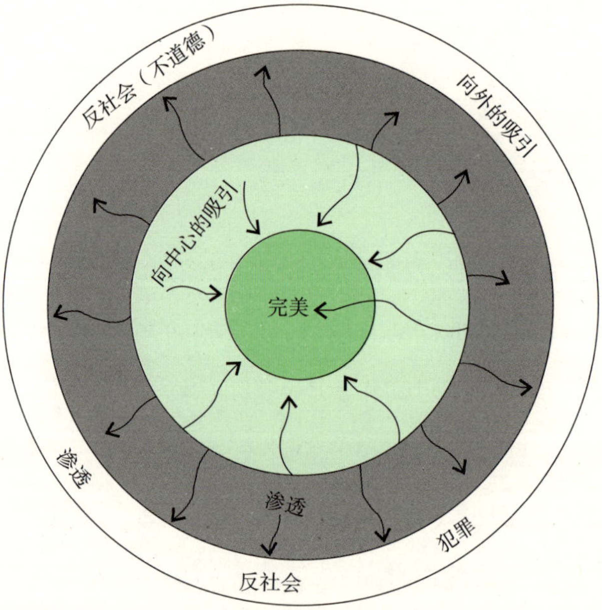

●中间的圆环表示完善的状态。

●中间圆环外面的区域代表着比较强壮和平衡类型的人，这些人接近那种理想的或者“正常”的状态。

- 灰色圆环表示大多数的人类群体，这些人都在某种程度上尚未达到正常的状态。
- 白色部分表示超出正常范围的那一种人，是指那些极少数的超社会或者是反社会的人（其中的超社会是指不正常，而反社会则意味着容易犯罪）。

那些呆傻或者容易犯罪的人无法适应社会的生活。而除此之外的人都或多或少地适应着社会的生活。而我们的教育正是针对或多或少适应社会的人而进行的。

出生后的6年时间内，儿童完成了对周围世界的适应。而人类的性格就在这6年的时间里发源。适应社会是一个非常重要的问题。

- 中间的圆环表示的是那些基本上达到完善的人。因为他们有更多的经历和比较适宜的环境，所以他们特别强壮。
- 外面的圆所代表的人，精力就相对少一些，这些人会遇到更多的阻碍。

在社会生活中，那些性格刚强或身体强壮的人会成为最有成就的人，其他人则相对弱势一些。

- 性格较强的人将会向着完善的方向发展。
- 性格较弱的人就可能向着反社会或超社会的方向发展。这种人如果不进行一定的努力就会有堕落的可能。而要摆脱堕落的危险，他们就需要道德的支持。

这种诱惑不会令人愉快，因为没有人希望自己是个罪人或者不道德的人。可是诱惑的力量是无法抗拒的，它就像地球引力一样强大，我们要不断地同它进行斗争和反抗。对不良诱惑进行努力抵御，能够防止我们陷入思想道德的圈套，因此，它被认为是道德的。

为了避免自己的堕落，有堕落倾向的人竭尽全力地约束自己。他们祈求着，希望上帝能够帮助自己抵御诱惑，同时，他们向比自己好的人学习，他们付出了很多的努力才慢慢地给自己披上了道德的外衣。然而，伪装总归是一件无法令人快乐的事情。这与登山者有些类似，他们努力地抓住身边的石头来保持自身的平衡。

年轻人常常会因此感到空虚，教育工作者会以说教的方式帮助他们。尽管这些教育工作者也总会为这种问题而感到困扰，可是他们仍然会将自己树立为一种榜样，他们常常说：“我一定要树立起好的榜样，不然学生将要变成什么样子呢？”由此，这个承诺变成了他们的负担。教育者和学生都属于第三个圆环这种有道德的人。

他们都包括在第三个圆环中。目前，我们就是在这种氛围中进行性格和思想道德的教育，这已经成为被普遍接受的情形。在人们的意识里，防止自己堕落是一件特别自然的事情，而绝大多数的人都会受到这种限制。

追求完美倾向的性格

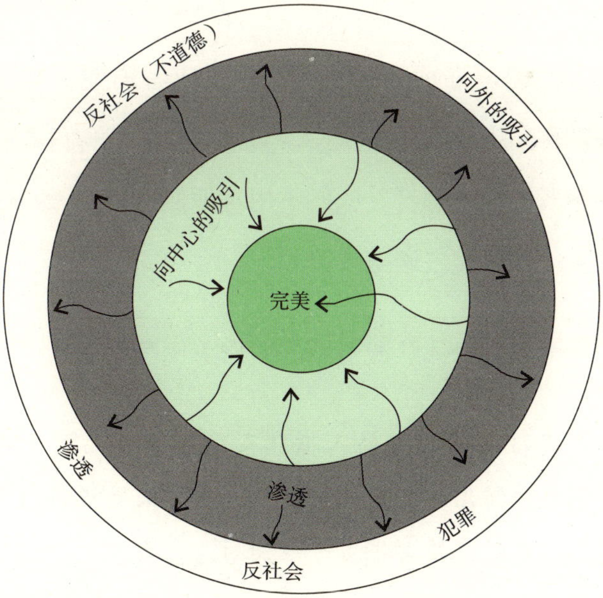

上图中，中间圆环代表着一种具有很强性格的人，他们具有追求完美的愿望。没有任何力量去强迫他们，这些人的的确确倾向于完美，尽管他们追求的这种完美不是绝对的。这并不是人为的，而是一种自然的现象。他们不去偷东西，他们不愿意去占有别人的东西，他们远离武力和暴力，这些并不是因为道德的约束或者是因为他们害怕进监狱。他们就是不愿意。追求完美是这种人的天然倾向，是满足他们心灵上的需要，而不是作出了牺牲。

这种区别与素食者和非素食者之间的区别很像。有些非素食者在一个星期中有几天不吃肉。在四旬斋的时候，他们大概要斋戒40天，不吃肉或者其他的奢侈食物。这是一种时间比较长的苦修。他们把这种对诱惑的抗拒看作一种美德。

有些人会去遵守别人定下的戒律，或者需要精神导师的指导。可是圆环的最中间的这些人不是这样的，他们是不受诱惑的，就像圣人或者素食者。我们不用对他们进行说教，因为他们完全凭天性全身心地去遵守戒律。

我们还可以用身体状况不同的人作为例子来进行说明：

有慢性支气管炎的人循环系统可能会比较脆弱，就应当使胸口保持温暖，用热水洗澡。看起来是正常的，可是他们需要注意的事情却很多。他们的消化系统也会相对较差，那么为了身体健康就要在固定的时间吃比较特殊的食物。要想跟别人一样，这些人就一定要多加注意，他们常常担心住院甚至是死去。他们常常去医院，家里的人也对他们倍加关心。

而那些身体健康的人却是想吃什么就吃什么，一点儿也不用担心。他们能在任何天气中到户外去，他们能砸开冰到水里游泳。

第三个圆环则表示相对脆弱的群体，他们需要来自各个方面的精神慰藉。他们似乎总是害怕陷入诱惑的陷阱中。而中间的圆环所表示的人却根本不需要这样的帮助。他们能够得到别人无法想象的快乐。

现在，我们继续讨论中间那个代表完善的圆环。我们应该以事实为基础来研究性格。究竟什么是完善？它是否意味着要拥有全部的美德，达到非常高的境界呢？那么，这种非常高的境界又是什么样的一种境界呢？我们一定要把这个问题弄清楚。

我们说，性格会驱使人们的行为，使之不断前进，人们都会有这种倾向。人类和社会要不断地向前发展，这是自然的规律。可是我们现在所讨论的是人类完善的核心问题，也就是人类的发展。有些人可能会获得一些发现，社会由此向前发展了一步。在精神领域也是如此，如果一个人的精神达到一个非常高的阶段，那本身就会对人类社会产生推动的作用。

无论是精神上还是物质上，我们现在拥有的一切东西都是由人创造出来的。一个人在成长的过程中会为追求完善的倾向所吸引，从而不断地进步。特别自信的人不需要花费精力去抵抗各种各样的诱惑。

比如，探险家伯尔德将军为了去南极探险而不顾一切地聚敛财富，他是为一种前无古人的事业所吸引才去做这些事情的，他在南极克服了很多苦难，他属于那种完善的人。

总的来说，从性格角度讲，第三个圆环代表的人在人性上是特别丰富的，他们需要得到更多的扶助。假如我们就这样一直不改变现有的教育方式，那么人类必然会走向低谷。

⊙ 如果第三个圆环的人对第二个圆环的儿童进行一定的说教。

他或许会说："吃肉是罪过的，不要吃肉。"

儿童或许要回答："当然，我们本来就不喜欢吃肉。"

⊙ 又或者那个人会对其他人说："多穿点儿衣服，你穿得这么少要感冒的。"

对方可能要回答说："我们感觉非常暖和，一点儿都不冷。"

很明显的，第三个圆环的人对第二个圆环中的儿童进行的教育有可能不会促进这些儿童逐渐地向完善的状态前进，反而会起到负面的作用。

去除性格教育的人为因素

如果我们去研究典型的学校教育，我们就能够发现，现在的学校教育的确有些糟糕，甚至可能会使人退步，会削弱人的能力。现在的学校教育向人们教授的知识还根本无法满足人的自然要求，就如同在人已经能跑时去教人走路一样。这种教育针对的是人的低级能力展开的，而不是针对高级的能力。

一个人在性格成型阶段受到了某种阻碍，那只能说是人类自己犯了错误。我们一定要了解人类的真正需求，为儿童提供机会，让他们能够发挥出自己的创造性能力。这样，第二个圆环里的那些追求完美的人就会向第三个圆环的人发起冲击。这并不是防御式的冲击，而是征服式的冲击。

如果在人的一生当中，心理构建只是在某个时期内完成的，那么当这种构建没有完成或者完成得不好，这些人就不能完全地发展，这也就不是什么令人难以相信的事了。然而，如果要使性格在自然状态下得以发展成型，我们就不能只进行道德上的说教，而是要为性格的形成去创造机会，那么我们就需要一种完全不同于现在的教育方式。

我们应当把那些人为的限制去除掉，去做一些真正有益的事情。一个人可能非常了解历史和哲学，却并不是一个有能力的人。而如果我们采取一定的方式去唤起人类的激情，那结果或许就不一样了。为了达到这样的目的，我们就一定要采取能使人作出反应的方式。人的性格形成于创造性的阶段。如果那个阶段没有完成性格的塑造，那么它将永远无法形成，一切说教都发挥不了作用。

这正是旧式教育同新式教育的区别。我们要在恰当的时间给人类提供促进他们进行自我完善的帮助。这样人类就能够完成很多伟大的事情。我们的社会中已经存在很多墙壁和屏障，新式教育一定要将这些屏障拆除，使人类广阔的视野得以恢复。新式教育就是一场革命，尽管这场革命没有暴力，如果它能取得胜利，那么地球上就再也不会有暴力的革命发生。

当儿童被某项工作所吸引时，他们这些所谓的坏的、好的、出色的特性都会全部消失。

·3·

性格缺陷

我们希望能够同时对儿童的所有缺陷进行讨论，并使用不同的方法进行矫正。但是，由于缺陷的种类繁多，我们将其分成两类：

- 一类是可以克服障碍的、强壮的儿童表现出的缺陷。
- 一类是在不利条件面前屈服的、弱小的儿童表现出来的缺陷。

两种类型的性格缺陷

⊙ 第一种类型的儿童大多都有反复无常的表现，并有愤怒和暴力等倾向。

他们的典型特性是不服从命令，也就是我们所说的“毁灭性的本能”。这些孩子常常表现出很强的占有欲，表现得极度自私、嫉妒，最终他们会出现抢占他人东西的行为。他们的行为缺乏目的性（这是儿童很常见的表现），无法集中注意力，不能协调地使用双手进行活动。他们经常将手里拿着的东西掉到地上打碎。他们的心理紊乱，并时常沉溺于幻想。这些儿童无法安静下来，爱大嚷大叫。他们喜欢打扰和取笑别人，对弱小的孩子和小动物不友善，吃饭的时候也常有贪吃的表现。

⊙ 第二种类型的儿童大多表现得很被动、消极。

这类儿童的主要特征是懒惰、散漫。他们喜欢用哭来乞求别人，以此获得别人的帮助。他们总是要求成人照顾他们，而且很容易产生烦躁情绪。他们对很多事情都感到恐惧，习惯于依赖成人。他们还常有撒谎（这是一种自我保护的被动形式）、喜欢偷东西（这是补偿心理的一种表现）等表现。

除了以上这些心理异常表现外，这些儿童在身体上也常常会出现一些由心理引起的异常问题。比如，拒绝吃饭、没有胃口或者没有饱腹感而引起消化问题。有些孩子还经常做噩梦、怕黑，睡眠质量不好，还有些孩子患有贫血——某些类型的贫血和肝脏问题是由心理问题引起的，这一观点已经被证实。这些孩子在神经方面通常也存在一些问题。这些由心理问题引起的疾病用药物治疗大都没有效果。

父母对待性格缺陷儿童的错误做法

某些因素对人格的正常、健康发展产生了影响，最终导致了疾病、缺陷等问题的出现。而这些问题又会反过来对正常的行为和性格的发展产生重大的影响。

强壮的儿童

成人大多不喜欢这样的儿童，尤其是不喜欢第一种类型——强壮的儿童。这类孩子的父母总是想要摆脱他们，或把他们托付给保姆，或送他们到学校，他们成了“有父母的孤儿”。虽然这些孩子的身体健康，但是他们的心理发展不正常，这无疑会对他们的行为产生消极的作用。

这些孩子的父母，有的向别人求教，有的则自己想办法解决问题，他们都想找到纠正孩子的方法：

✗有些父母会更严格地要求孩子，以为这样做就可以解决问题。

✗有些父母用尽了各种各样的办法，比如，责打、责骂，甚至不给饭吃，但是这些做法最终只会导致孩子更加不听话或出现更多问题。

✗有些父母常常用“你为什么总惹妈妈生气”这样的话来规劝、教育孩子。

✗实在没有办法的父母只能对这些孩子放任不管了。

被动消极的孩子

那些被动消极的儿童则不会引起成人的这种关注。他们的行为不会被视为问题。母亲们会认为这些孩子很乖、很听话，因为他们从不犯错误。

✗孩子对母亲的依赖也会被母亲们认为是一件好事。母亲会说：“我的孩子非常喜欢我，如果我不在，孩子就不会上床睡觉。”

✗母亲会发现，孩子的运动能力和语言能力都发展得非常迟缓，他们走路总是摇摇摆摆。

✗母亲会说：“我的孩子很健康，只是有些敏感。他对任何事情都感到害怕，甚至对食物也没有兴趣。但是孩子的内心世界很丰富。在吃饭之前，我必须先给他讲一个故事。这个孩子将来可能会成为一位诗人！”

最后，母亲会知道孩子确实病了，而且必须求助于医生。由儿童专家最后确定，孩子在心理方面患上了某些疾病。

儿童性格缺陷产生的原因

如果我们能够对儿童的创造性活动有所了解，这些问题就会迎刃而解。我们现在已经认识到，儿童性格上的一些缺陷是由于成人在他们年幼时（婴儿期）的一些错误做法造成的。如果处于这个阶段的儿童被成人忽视了，那么他们的头脑就会一片空白，因为他们没有得到为自己的头脑填充内容的机会。这个“饥饿”的大脑是许多问题产生的根源。

问题的另一个原因是：儿童缺少创造性活动的机会。这样的儿童很少能够获得充分的发展。他们除了睡觉之外很少做其他的事情。他们还常常被留下来一个人独处。很多时候，成人为他们做好了所有事情，而不给他们自己做事情的机会。

这些错误做法都会产生非常严重的后果。这些孩子除了对手里拿着的东西感兴趣外，对其他任何事情都不关心。虽然这些孩子在主观上想做很多事情，但无法实现。即使他们得到了自己真正渴望的小虫子或小花，他们也不知道怎样玩，只会把它们毁坏。

儿童毫无原因的恐惧也可以在他们的早期阶段找到原因。

我们的学校之所以能够取得成功，是因为生活在这里的儿童原有的缺陷都消失了。孩子发现：

- 自己生活在一个可以自由发展的环境里，他们可以自由地使用自己的潜能，促使自己的心理得到发展。
- 在儿童的周围有很多有趣的东西，可以让他们自由地使用。
- 每一样东西都可以吸引他们的注意力，让他们专注地进行活动。

当儿童达到这一程度时，他们就能够做到集中注意力做一件有趣的事情，他们身上的所有缺陷也会随之消失。以前的没有规律变成有规律了，以前的被动变成主动了，以前调皮的孩子变得懂事了。

这一现象告诉我们，孩子身上所有的这些缺陷都不是天生的，而是后天产生的。每个孩子之间都没有太大的差异。所有这些不正常的表现都源于儿童的心理没有获得充分的滋养。

有缺陷的孩子需要进行矫正

人们并不总是把儿童的性格缺陷视为一种不良的表现，有些人甚至对这些缺陷给予很高的评价。比如，那些行为被动的孩子被认为是乖孩子；那些吵闹、想象力丰富的孩子被认为更加出色，等等。我们的社会可能会对孩子作出以下分类：

- 乖孩子(被动的孩子)是其他孩子学习的榜样。
- 吵闹的孩子比其他的孩子更为出色。

后面两种类型更为人们所认可。父母都非常喜爱这样的孩子，虽然其他孩子一点儿也不喜欢这样的伙伴，尤其不喜欢最后一种类型。

我一直强调这一点，并且希望大家能够注意到这种分类。因为这种错误的分类方法已经影响了我们几百年。在我们的学校中，当儿童被某项工作所吸引时，他们这些所谓的坏的、好的、出色的特性都会消失。在我们的孩子身上完全找不到这些特性。

这说明人们对儿童性格的好坏还没有形成一个正确的认识。人们以前习惯性的认识是错误的。这使我想到了一句格言："只有上帝手中握有真理，我们所看到的都是幻影。"我们在观察我们学校的儿童时发现，儿童是愿意去做事情的。以前没有人注意过儿童还会自愿去做一些事情。儿童在自我意识的支配下开始进行一些能够使他们的内心感到平和、愉悦的工作。

这些变化不是在儿童身上逐渐出现的，而是突然出现的。对于儿童来说，他们可以专心致志地做一件事情。但是这并不意味着我们就应该强迫一个懒惰的孩子做事情。

我们只要把这个孩子放到一个为他准备的环境中，让他可以做一些具有目的性的事情，就足够了。

当儿童开始专注于某件事情之后，他们所有的缺陷都会随之消失。对待这些孩子，我们的说教是没有用处的。当他们专注于某件事情时，他们的心里就好像突然长出了某些东西，被外界活动深深地吸引住了。这些活动抓住了儿童的注意力，他们会不断地重复做一件事情。

给母亲的建议

我们能够给母亲一些什么建议呢？

儿童应该生活在一个有趣的环境中。母亲不要为孩子提供不必要的帮助。当孩子开始做某件事情的时候，不要打断他们。

和蔼可亲、严厉指责和药物对于正处于心灵饥饿的孩子来说都是没有任何帮助的。这就像当一个人正在挨饿受冻，我们却去骂这个人是傻瓜、痛打他一顿，或命令他心情好起来一样，这些做法都是无济于事的。这个人需要的是食物，其他东西都没有意义。

对于心理来说也是一样的道理。严厉与和蔼都不能使问题得到解决。人类是拥有智慧的动物，他们需要物质上的营养，但更需要精神上的营养。这是人与动物的区别所在。

人类必须构建属于自己的行为模式。如果儿童能够自己决定自己的事情，自己完善自己的心理，那么将不会有任何问题出现。儿童所面临的问题都会消失，他们也不会再做噩梦。

因此，这些问题都是无法用道德教育来解决的。成人对儿童的各种威胁、利诱也都是毫无用处的。它们都是与性格形成有关的问题。我们要做的就是：为儿童提供一个正常的生活环境，不需要成人的说教，儿童缺乏的个性或个性的不足都会自然消失。

本章小结

蒙氏养育观点

人类从出生到18岁成年可以分为三个阶段：0～6岁、6～12岁、12～18岁，在不同的年龄阶段，人们的心理典型特征具有显著的差异，而且不同个体也表现出明显的差别。在一个阶段中个体的需求获得的满足越多，在下一阶段就会发展得越好。

儿童应该生活在一个有趣的环境中。当他们专注于某件事情时，他们的心里就好像突然长出了某些东西，被外界活动深深地吸引住了。这些活动抓住了儿童的注意力，他们会不断地重复做一件事情。他们所谓的坏的、好的、出色的特性都会消失。

儿童的性格不是由成人教出来的，成人能够做的只是对儿童进行科学的教育，让他们可以有效地完成这个过程而不受打扰和阻碍。母亲不要为孩子提供不必要的帮助。当孩子开始做某件事情的时候，不要打断他们。

■ 儿童是通过一系列的个人努力才实现了性格的发展。儿童所做的努力主要由他们的创造性潜能和在日常生活中遇到的障碍决定，与外界因素没有关系。

■ 儿童在身体上也常常会出现一些由心理引起的异常问题。比如，拒绝吃饭、没有胃口或者没有饱腹感而引起消化问题。

■ 儿童缺少创造性活动的机会，就很难获得充分的发展。

■ 儿童毫无原因的恐惧也可以在他们的早期阶段找到原因。

■ 每一个儿童都准备了一个记录身体发育和心理发展的档案。了解了儿童在每个阶段所受到的影响，就能推测他们心理问题的严重程度，并采取合适的对策。

第3章

培养社会化小公民

MONTESSORI BRINGING UP

YOUR 5 YEARS OLD

CHILD

父母的态度和族群的态度能给儿童的心理建设以真正的方针指导。

·1·

什么在影响着儿童

社会的发展与适应

以前，适应只是针对村落中的生活。在我们还小的时候，一个村落的人想去拜访附近的村落，那甚至被看得像登陆月球一样可笑而又无用，因为他们生活在那种每个家庭都必须自给自足的状态里。对他们来说，另一个村落大概有20公里或者30公里远，那已经相当于是外国了。而对他们来说另一个村落的居民几乎陌生得就像住在非洲赤道附近的匹克米族一样，他们存有严重的怀疑、不信任的心态。他们的态度可以用一句现在一些小地方经常引用的谚语来说明："如果你要选牛和老婆，那就在你自己的村子里面挑。"这也就是说，其他族群的行为举止和他们族群的行为举止是不一样的，如果有一个人选择和其他族群的某个人结婚，婚后的生活对他们来说必定是困难的。所以在那个时候，当生活被局限于一个小社区中，接受相同的思想、相同的习惯，要适应是很容易的。

这些村落的生活形式是比较极端的例子，可是它温和而且逼真地描述了存在于今天所谓的发展中国家的状况。以前，遵守规矩的方式只有一种，是依据传统和世袭的规则而来的。就像刚刚提到的村落的例子，他们生活在意大利，规矩则以天主教伦理为基础，如果有人做出一点点超越规矩的事情，就会被全村的人认为品性不端，会有很多人在背地里甚至当众谈论！假如一个妇人（这一点跟男人不同，因为男人讲脏话的个性已为人们所习惯）在争吵中很愤怒地咒骂上帝或者其他圣贤，她就会受到唾弃。这种情形就跟某种稍有异常的行为发生而带来的结果是一样的，而且这些行动不只局限于它本身，还会影响到村落里的其他人。儿童在这样的环境下成长，会有一套确定的方针去引导他们适应。那时候的人，在心理上非常正常、非常平衡，没有任何事物能够使他们动摇。他们的人格是完善的，他们的忠诚是坚定的。

如果将以前的情况同现在的情况进行比较，我们的儿童要遵循哪一种标准？现在，我们的世界就是这样一个“村落”，而儿童则是在各种互相冲突的观念意识的冲击下成长的。孩子听到有人说：“这是错误的。”可是其他的人提及同样的事时，会很权威地说：“这是非常正确的。”我们不幸的孩子应该要相信哪一种？

从精神层面来说，社会规范的稳定性对幼儿的心理健康是非常重要的，就像我们站在地面上，地面的稳定性是非常重要的。想想你的不安全感，如果你每一步都走在表面上看起来很坚固的地上，它表面上坚固，然而你随便朝着一个方向走过去，砰！你摔倒了！然后你转向另外的方向，砰，你再次跌倒……过了一段时间，你会不知道能往哪里走，不知道脚步能迈向哪里，十分需要找一些东西来指引自己的生命。

现在，我们的社会正发生着一些事：传统的思维、价值观被冲击，新的观念意识正激烈地反对它们，而且新的观念意识之间也会相互抵触——好像没有任何一件事是能够确定无疑或者永恒的。对于我们成年人来说，这都够糟的了，那么对于大部分的儿童来说就更是困难的！如果状况依旧这样下去，而且如果我们再不想办法帮助这些儿童，为他们塑造一个基本的行为框架，在外表混乱的表象之下去把一些确定具体的事实具体化，儿童将很难增长对生活的信心。

“我要像你一样”

父母的态度和族群的态度能给儿童的心理建设以真正的方针指导。下面的内容或许能够把这层意思传达得更明了。

人们总是认为小孩子喜欢甜的，可是有些孩子不是这样的。他们的母亲喝咖啡、喝茶的时候，都是不加糖的。这些孩子也想喝这种饮料，而且也不加糖。当孩子看到其他的大人不喜欢这种不加糖的饮料，还会嘲笑他们。所以，问题这并不在于饮料是苦是甜，重要的是大人们脸上的表情传递了怎样的情绪和习俗。

儿童想要分享快乐，而且逐渐喜欢上他们族群所喜欢的口味。每个地方的孩子都是这样的。即使他们还不到1岁，他们仿佛也能探知父母亲脸上的表情，而且对他们所看到的一切留下印象。日复一日，如果一个表情显示出某种东西的参与会给人们带来快乐，那么它对于儿童来说必是好的，而且也是儿童想要获得的。正因为这样，那些母亲喝咖啡的孩子也慢慢地接纳了咖啡的味道。如果偶尔有不属于这个族群的访客觉得它苦，那也并没有什么影响。

> 在印度，那里的儿童能吃特别辣的食物。一位欧洲人第一次吃到那种食物，觉得自己的嘴巴和喉咙就像被灼热的煤炭烧着。可那些印度小孩会说：“啊！太好吃了！妈妈，我还要！”而他们的妈妈就会说：“嗯，好的，可是不要吃太多。”小孩又会说：“不！不！多给我一点儿！”

在思想上也是同样的道理。孩子不会停下来想是不是合乎逻辑或者荒诞可笑，局外人会不会认为他们是迷信的，外国人会不会告诉他们的父母他们的想法是愚蠢的。凡是能被族群的多数人所接受的重要事情，儿童就会觉得：“我想要它！”

> 比如，在某个地方有一种习俗，那里的女人在鼻子上穿上鼻圈，而年轻的女孩子们就会热切地希望在鼻子上穿上鼻圈。如果在某个地方，把耳垂扩张到能够包住一个木盘被看作一种美，孩子就一定会问：“妈妈，我什么时候也能在我的耳垂上放下一个木盘？”

儿童并不会自己去判断事情的好坏、美丑、善恶，他们是依据大人的标准来进行判断的，大人就是他们的族群。“我想要像大人一样”，这就是孩子所热切渴望的。

你会看到这种精神上的力量怎样影响一个人的灵魂。你会发现人们自然地成长为意大利人、英国人和荷兰人还有祖鲁人，因为每一个族群的孩子仿佛都会说："我继承前人的精神，这就像它是以遗传的方式传递给我的一样。"

正是因为有了孩子，而且是通过孩子，人类可以永久地保存某些本能，适应每一个族群、每一个区域。如果人类能够适应于所有的环境，无论是热带雨林还是北极，那么使这些行为得以永存的，就是幼儿。幼儿仿佛在说："让你的行为举止能够安然自在，让你的精神和灵魂能够安住，这是我的责任。"这可能是儿童给这个社会的最大贡献。人类的倾向就是去创造一种行为举止，而幼儿渴望那个行为举止，他必然有一种心态："我想要那样做！因为那是你赠予我的最高贵的礼物！"

因为儿童是一种精神个体，他会保存所有的精神事物，在一连串的历史中，他是保持人类进化的关键。

无论一个人的特性是怎样的，比如，一位女士没有礼貌或者一个人喜欢卖弄学问；也不管一个人的态度是怎样的，乐观，或是轻浮，还是怀有恶意等，他们都被一片族群的云笼罩着。这片云包含了宗教、风俗、习惯等。人们不会远离自己的族群。孩子的小天线正努力地让自己能附着于这片云："我要像你一样，我要有跟你一样的想法。”最终，他们会附着于这片云，而他们自己也会感到很高兴！

然而，在今天，暴风雨遮蔽了这片共同的云，人们共同的信仰和风俗会受到冲击。可怜的孩子们竖着小天线不断地寻找，却无法找到足够宽大平稳的东西来附着其上。当儿童狂奔于我们这个时代的精神风暴之下时，他们就是真正的受害者。

> 儿童能够自己照顾自己，自己解决自己的问题。虽然每个儿童采用的方式可能与别人不同，但这种方式是最能够满足其自身需求的。

·2·

社会秩序的培养

社会秩序的培养

向儿童提供过多的物品，会造成他们的混乱。因此，即使有许多儿童，我们也只提供一小部分物品。

我们为儿童提供的所有东西都只有一个。如果一个孩子正在使用这个东西，其他的孩子就必须等待。这可以让孩子养成一种重要的品格。孩子们会明白，他们必须重复其他人的工作。这样做不是由于他人的要求，而是由于他们的日常生活经验要求他们这样做。因为每一样东西都只有一个，所以他们必须等到别人用完之后才能使用。这样的事情每一天、每一年都在发生，它会逐渐成为儿童的生活习惯。

这种重复、等待有助于加快儿童的成熟，这样儿童才能逐渐适应社会。社会不可能完全按照我们希望的方式运行。它是一个各种行为协调运转的整体。通过协调这些行为，儿童形成了另一种优秀的品质——耐心。拥有了这种优秀的品质，其他的性格特征也会自然而然地形成。

仅仅依靠教育，我们是无法让一个3岁的儿童具有这样的品质的。这些品质是以儿童自身的经验为基础形成的。正是由于其他的条件是无法促使儿童正常发展的，所以我们看到世界各地的儿童都会为得到自己想要的东西而争抢。当他们看到我们的孩子是如此有耐心时，他们都感到非常吃惊。有些人会问："你们是怎么让这些小家伙这么懂事的？他们怎么这么听话？"这些都不是我们教育的结果。由于我们精心为孩子构建环境，给予他们自由，才使他们具有这样的品质。生活在这样的环境中，儿童之前不具备的品质逐渐显现出来了。

在儿童准备进入社会生活时，成人如果对他们进行干涉，可能会妨碍儿童发展。当孩子们排成一队向前走时，如果有一个孩子跑出队向相反的方向走，矛盾就会不可避免地出现。按照成人的想法，我们总想把孩子抓住，带回到原来的队伍中。但是，儿童能够自己照顾自己，自己解决自己的问题。虽然每个儿童采用的方式可能与别人不同，但这种方式是最能够满足其自身需求的。

在儿童发展的各个阶段，他们都会遇到这样的问题。这样做能给儿童带来极大的快乐。如果成人对他们进行干涉，会让他们感到不愉快。如果我们让儿童自由选择，他们会按照自己的行为方式做事。

儿童就是通过这样做来获得社会经验的。这种经验的累积有助于儿童正确处理他们所面临的问题。

教育者是无法帮助儿童做到这一点的。相反，他们还会经常干涉儿童。由于成人的想法与儿童的想法完全不同，他们也打扰了整个儿童群体的和谐。除了一些特殊情况外，我们应该让儿童自己解决这样的问题。我们应该客观地研究儿童的行为，因为我们对儿童行为的了解还远远不够。社会秩序正是在这些日常经验的基础上形成的。

社会的真正秘密

如果我们只在旁边观察，不去打扰儿童，就会发现一些奇怪的现象——孩子们互相帮助的方式与成人不一样。如果一个孩子拿起了一个很重的东西，别的孩子是不会来帮助他的。他们都会尊重这个孩子的努力。只有在必需的情况下，孩子们才会向别人提供帮助。这对我们来说具有很重要的启示意义。这说明儿童在潜意识里对他人的需求非常尊重，不会给予他人不必要的帮助。

有一次，一个孩子把约100件的木质几何图形和卡片打翻了。这时，教室窗外的街道上走过来一支乐队，所有的孩子都跑过去看，只有这个孩子没有去，因为他要把打翻的东西收拾好。他努力地收拾着，其他人都没有要给他提供帮助的意思。这时，这个孩子哭了起来，因为他也很想去看乐队。有些孩子注意到了他，就回来帮助他把打翻的东西收拾好。

当紧急情况发生时，成人就没有这样的辨别能力。在很多情况下，成人提供的帮助都是不必要的。我们经常能够看见男士出于礼貌为女士拉出餐椅或扶女士下楼梯。这些帮助都不是女士真正需要的。当人们真正有需要时，情况可能就会完全不同了。当人们急需帮助时，可能没有人会给他们提供帮助，但当他们不需要帮助时，帮助却可能来了。因此，儿童是无法从成人身上学到任何东西的。我认为儿童在潜意识中留下了一些早期的记忆，那就是只在必要的时候才向他人提供帮助。

儿童对待打乱课堂秩序的人的方式也很有趣。假设班级里有一个新来的孩子，他还没有完全适应课堂环境，总是坐不住，并且总要做一些打扰别人的事情。

✗**老师的做法：**老师通常会说："不要这样，你这样做不好。"或"你真是个淘气的孩子。"

✓**孩子的做法：**孩子的反应可能会与老师的反应完全不同。他们会走到新来的孩子面前，对他说："你真淘气，但是不要担心，我们刚来的时候也是这样的。"

孩子们知道新来的这个孩子的行为是错误的。但是，他们不会把他的行为看作故意的，并会努力安慰他，希望唤醒这个孩子的优秀品质。

如果我们能够充满爱心地抚慰那些缺乏道德的人，如果我们能够耐心地教育罪犯，那么这个世界将变得多么美好！要知道，那些缺乏道德的行为通常都有病理上的原因，也许是由不良的家庭环境引起的，也许是由出生时的不良影响因素引起的。我们应该充满同情心地对待这些人，为他们提供帮助。这样才能起到净化社会的作用。

如果儿童做错了事情：

孩子打碎了一个花瓶，他们会感觉十分难堪。他们不会因为破坏东西而感到快乐，只会因为没有保护好东西而感到羞愧。

✗父母的做法：父母本能的反应可能是大喊一声：“你打坏了花瓶！我告诉你多少次了不要碰它！”最起码，父母也会让孩子把碎片捡起来，以便让他们记住这个错误。

✓孩子的做法：孩子们看到这种情况的反应又是什么呢？他们可能会跑过来帮忙，用他们稚嫩的声音鼓励这个做错事的孩子：“没关系的，我们可以再找一个花瓶。”然后大家一起将碎片捡起来。有的孩子还会帮忙擦干净地上的水。

儿童具有帮助、鼓励、安慰弱者的本能。他们的这种本能有助于促进社会的发展。事实上，人类最大的进步就是帮助穷苦、弱小的人，而不是去压迫他们。

医学就是在这个原则的基础上发展起来的。医学不仅仅帮助弱者，而且还帮助了人类自己。鼓励和帮助弱者并不是一件坏事，能够促进整个社会的发展。年幼的儿童就已经具有了这些品质。他们的鼓励和帮助不仅体现在对待弱者的方式上，也体现在对待动物的方式上。

通常人们都认为，如果不对儿童进行教育，他们是不会尊重动物的。这是因为我们总是认为儿童生来就是残忍的、没有感情的，但是这种想法是错误的。一个正常的儿童是有保护动物的倾向的。

在荷兰的拉伦，我于1939年建立了一所心理教育研究中心和一所实验学校。

> 在学校里，我养了一只山羊，每天都会给它喂食。每次喂食时，我总是把食物高高地抬起，让山羊抬起前腿取食。我发现山羊渐渐习惯了这个姿势，并且还有些乐在其中。有一天，一个孩子跑了过来，他把手放到了山羊的肚子下面帮助它站立。这个孩子脸上的表情告诉我，他是在帮助山羊，他觉得山羊用两条腿站立太累了。这个孩子的行为是一种善良的自然流露。

在我们的学校里也可以看到一些不寻常的事情，就是孩子们对强者的尊敬。这些孩子不但没有嫉妒，他们还会对有能力的孩子给予热情的赞扬。

这种情况会发生在孩子学会写字的时候。

一个孩子第一个学会了写单词。这让其他孩子也感到非常高兴。每一个孩子都用崇敬的目光看着第一个写出单词的孩子。其他人也会努力地学习，并且对自己说："我也能写。"一个孩子的成就激起了一群孩子的热情。在学写字母的时候也是这样，你会看到一群孩子举着自己写的东西让老师看。这些孩子表现得异常高兴，他们的喊声是那么大，把楼下的人(我们的学校在顶楼上)都吸引了上来，想看个究竟。我们的老师不得不对这些人解释："孩子们正在学习写字母，他们非常高兴。"

儿童之间产生了一种明显的团队意识。这种团队意识是以一种高尚的情感为基础的，并且可以促进集体的团结。这个例子清楚地告诉我们，在儿童的情感达到一个较高的层次时，在他们的个性正常发展时，他们就会感受到一种吸引力。年龄大的孩子善待年龄小的孩子就是这一情况的具体体现。正常发展的孩子对待新来的孩子的方式，以及他们对待已经适应环境的孩子的方式，都是这种情况的具体体现。

在自然的需要和潜意识的支配之下，儿童由社会意识的激发而形成整体的意识。我把这种现象叫作“社会单位的凝聚力”。

·3·

儿童的整体意识

与有意识的行为相比，有吸收力的心灵更能够使整个社会凝聚起来。很明显，社会跟儿童成长的过程一样，也要经过一个胚胎的阶段。有趣的是，我们会看到，儿童渐渐地意识到他们的行为在对社会的发展发挥促进的作用。儿童也会逐渐感到自己的行为就是群体行为的一部分。他们会全心全意地进行工作，而不只是停留于感兴趣。当儿童达到这个水平，他们的行为就不再是没有目的的了，他们将会把群体的利益放在首位，使自己的利益同群体的利益结合在一起。

儿童的意识具有整体性

向社会意识迈进的第一步同我们熟悉的原始社会的“家庭意识或部落意识”有相似之处。在原始社会中，个体的生存就是为了保证群体的存在。这种现象在儿童身上刚刚体现出一些迹象时，我们会感到震惊，因为它们不受其他行为的左右，它们的发展是完全独立的。跟其他方面的发展一样，这些迹象也出现得特别突然，这跟儿童到了一定的年龄就会突然换牙很像。在自然的需要和潜意识的支配之下，儿童由社会意识的激发而形成整体的意识。我把这种现象叫作“社会单位的凝聚力”。

我们的这种观念在儿童的自然行为促进下形成。他们的行为常常让我们感到惊愕。不妨来举个例子：

> 阿根廷大使听说了在我们学校里四五岁的孩子可以全靠自己来读书写字，而且不用老师管就特别遵守纪律，他有些不相信，就决定不提前打招呼地突然来参观。
>
> 很不巧的是，他来的那天正好赶上了节假日，学校关着门。学校的名字叫“儿童之家”，就在工人街区，里面的学生都是工人的孩子。正好有个孩子在院子里玩，他听到了大使的抱怨，就猜想大使肯定是来参观的，他对大使说：“您不要担心学校关门，看门的人有钥匙，我们的同学都住在这个街区里。”

一会儿，门打开了，所有的孩子都来了。而我们的老师直到第二天才知道这件事。

这个例子就体现出了一种群体意识的行为。所有的孩子都在集体中发挥出自身的力量，他们并不需要回报。

团体意识不依赖于竞争，它是自然的产物，它的获得也不是以灌输的方式进行的，而是儿童通过自身的努力而取得的结果。考格西尔曾说：“儿童的早期行为是由自然决定的，可是这种行为的发展只能够在儿童跟周围环境不断交流的过程中进行。”

很显然，自然的规律决定了个性的形成和社会生活的建立，然而只有在适应的环境下，这种自然规律才能够通过儿童的行为体现出来。只有通过自己的行为，儿童才能在自然发展的过程中展示出社会生活必经的阶段。

这同美国心理学家沃什博恩提及的“社会综合体”的联系很密切。沃什博恩认为，对于社会变革来讲，凝聚力是一个重要因素，所有的教育都应当以此为基础。当个体意识到自己是群体的一部分时，“社会综合体”就会出现，而这时，个体就将更多地从群体利益的角度去考虑问题而不是从个人的利益出发。

沃什博恩用牛津大学和剑桥大学的赛艇作为例子说明这个理论：

赛艇上的每一个人都尽力地去划，而他们都知道这种努力不能够给自己带来特殊的荣誉和回报。当这种心理成为社会的一种共识，群体中的每一分子都为了群体的利益贡献自己的力量，当个体考虑得更多的是群体而不是自身的利益，那么人类的面貌将会完全改变。学校应该去培养这种凝聚力，我们的社会缺少的就是这样的凝聚力，而它的缺失将会导致我们的文明的毁灭。

人类社会中唯一一个不缺少这种凝聚力的群体就是儿童。儿童产生这种凝聚力由自然的神秘力量来指引。我们一定要懂得珍惜，因为无论是人的性格还是某种社会情感，都是生命本身的产物，而并不是从老师那里获得的。

这种自然的社会凝聚力是儿童发展的最后一个阶段，也是社会胚胎最神奇的创造，带有神圣感，我们不能将其同成人社会的组织混为一谈。

之后，儿童会进入另一个发展阶段，另一种完全建立在意识基础上的存在形式自然地出现了。儿童开始有了一种愿望去了解人们的行为所遵循的传统和规律。他们希望有人能够来领导他们。服从领导、遵从规律正是使社会组织相互连接的纽带。

事实上，一个正常的儿童常常会去追求完美，他们不会感觉到那些坏东西的诱惑。

·4·

让儿童的社会意识自然地发展

尽量避免否定性的评价

如果普通的学校都能够以我们建立的方式去组织，那么这些学校必将创造出奇迹。然而恰恰相反的是，那些老师认为儿童不会主动地去学习。他们强迫或者鼓励儿童去学习，有时候也会惩罚或者用物质进行刺激，从而促使儿童好好学习。以竞争来激发孩子的学习兴趣也是他们的手段。而所有这些方法都不可能带来好的结果。

其中，努力寻找儿童的缺点，然后进行批评就是成人最典型的对待儿童的方法，而这种批评也是起不到任何正面作用的。如果教育者将这种方式作为基础，就只会使人类的社会生活水平降得更低。

⊙ 在学校里，老师不允许孩子们互相对照作业，也不允许孩子在做作业时帮助别人。

不论是接受别人的帮助还是给予别人帮助，都被认为是不对的，在这种学校里根本谈不上我们所说的那种团结，所说的那些正常的标准也都是人为规定的。我们常常会听到有人说“别玩了”“不要出声”“不可以帮别人做作业”“没有叫到你就不要说话”，等等。这些常常都是命令性的，而且是否定性的。

面对这种情况，我们又该怎么去做呢？有的老师也知道要在班级里培养积极向上的氛围，可是他们从没有想过儿童自己也可以完成这项任务。这些老师可能只会说“不要嫉妒比你好的孩子”“不要报复伤害你的人”，这些话也带着否定的意味。

⊙ 通常情况下，老师们的想法就是，每个孩子都有不好的地方，我们要尽力去帮助他们改正。

可是，儿童自己可以做的事情会让教育者大为吃惊。对比自己强的人，儿童是崇敬的。他们的崇敬之情不是由外力唤起的。

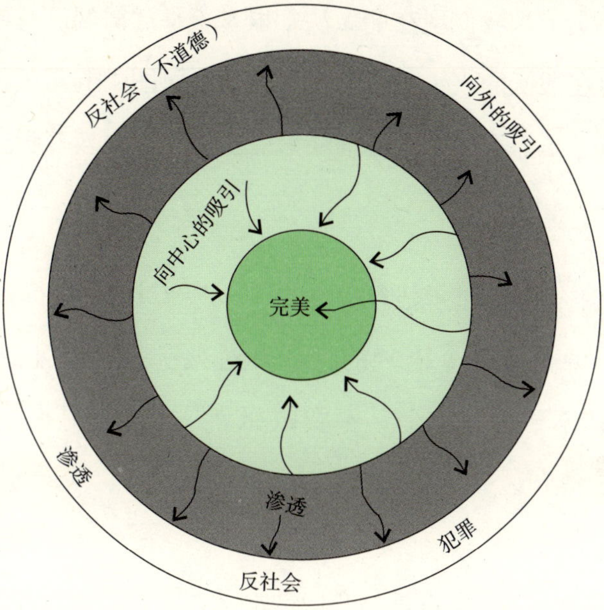

可是假如儿童真的有这样的美好天性，我们就应该对其进行鼓励，将其挖掘出来。而至于老师所说的“报复”问题，也是同样的。儿童常常会同他们所谓的敌人成为朋友，这不是在别人的要求下才这样做的。对那些做错事情的人，儿童会表示出关爱和同情，这种关爱和同情也不是在别人的要求中产生的。同样，在没有受强迫的情况下，儿童也会去帮助智力不如他们的伙伴。就像我在前面说过的，我们应该鼓励这种自然的情感。

而事实上，我们现在的做法却根本不是这样的。有些学校的教育还处在很低的水平上，也就是处在上页图中的灰色区域，学校里的孩子正靠近边缘而逐渐成为社会的异类。教育者觉得：

- 孩子是不能够进行自学的，一定要对他们进行教育。
- 说带有命令语气的话或许对孩子是有好处的，比如，“不要去做这个，不要做那个”，也就是命令学生“不要滑向边缘”。

而事实上，一个正常的儿童常常会去追求完美，他们不会感觉到那些坏东西的诱惑。

⊙ 成人还有另一种不好的行为，就是常常打扰儿童日常生活中的正常工作。

他们会告诉儿童说：“不要花费太长时间做同一件事，你们会感到累的。”可是儿童想去尽力发挥。现在的学校教育无法帮助儿童充分发挥出他们的创造性本能。而儿童有一种动手的快乐，有一种努力工作的兴趣。他们能够在工作中找到快乐，在安慰别人和帮助弱者的过程中发现自我。

以《新约全书》和《旧约全书》为例，我们可以比较一下普通学校和正常学校有什么区别。《旧约全书》中的“十诫”说“不要杀戮”“不要偷窃”，等等。《旧约全书》中使用这些具有否定语气的语言，那是因为当时的人们还处在蒙昧的阶段，他们的思维相对混乱。而在《新约全书》中，上帝(像儿童一样)使用的是带有肯定语气的语言。比如，“爱你的敌人”；告诫那些自觉比别人高的人，上帝说：“我要促使那些有罪的人去悔改。”

可是，用这些信条对人们进行教育是远远不够的。如果我们只是在教堂里说“爱你的敌人”，而不是在战场上说，这句话就没有任何作用。因为我们将注意力都集中在了希望避免的邪恶上，所以我们使用“不要杀戮”这样的语言，仿佛正义已经无能为力。假如这些信条不过是我们的美好愿望，那么“爱你的敌人”将永远都只是空话。

为什么会这样呢？因为那些美好的东西并没有深深植根在人们的心灵。或许它在人的心灵中曾经出现过，可是现在已经死了，已经被埋葬了。当我们的整个教育都在鼓励敌对、竞争和野心的时候，那么我们又怎么能在孩子成年之后只是用说教的方法来使他们有所改变呢？这是不可能的，因为他们从来没有受过这方面的教育。

激发创造性的本能

事实证明，创造性的本能比说教更加重要。儿童按照自然的规律行事而不是听凭教育者的说教行事。只有通过互相帮助和精神上的和谐，才能得到内心中那些美好的东西。社会是在凝聚力的作用下产生的，所有社会组织都以这种凝聚力为根本。所以，我才认为成年人不应该直接去教授3～6岁的孩子，我们只能认真地观察他们，了解他们的发展情况。大自然赋予了儿童在工作中发展自身的能力。

大自然赋予了儿童一种内在的指导力量，可是要进行全面的发展就一定要进行不断的努力，从中取得足够的经验，否则，什么说教都起不了作用。成长并不源于对事物的理解，而是源于行为。

对儿童的教育，特别是对3～6岁儿童的教育是十分重要的，因为：

- 3～6岁是儿童性格以及社会观念形成的时期[1]。
- 3～6岁的儿童，其发展由自然规律来决定，而不是由外部的说教来决定。

这些都是人类行为的源泉，只有在自由而有序的环境中，它们才会得到很好的发展。

1　出生到3岁是儿童心理形成的阶段，出生前是他们的身体形成的阶段。

本章小结

蒙氏养育观点

父母的态度和族群的态度能给儿童的心理建设以真正的方针指导。儿童并不会自己去判断事情的好坏、美丑、善恶，他们是依据大人的标准来进行判断，大人就是他们的族群。“我想要像大人一样”，这就是孩子所热切渴望的。

儿童具有富于吸收力的心灵，他们由此可以学习自己所在种族的特征。儿童在“心灵胚胎”时期的特征不是人工的产物，也不是智力的成果，而是整个人类社会延续下来的心理特征。

儿童能够自己照顾自己，自己解决自己的问题。虽然每个儿童采用的方式可能与别人不同，但这种方式是最能够满足其自身需求的。儿童就是通过这样做来获得社会经验的。这种经验的累积有助于儿童正确处理他们所面临的问题。

真正的威胁是那些忽视人类的创造性、无知地扼杀上帝赋予儿童潜能的行为。这种创造性和潜能是把人类推向更高水平的道德以及智力价值的源泉。

□我们为儿童提供的所有东西都只有一个。如果一个孩子正在使用这个东西，其他的孩子就必须等待。

□重复、等待有助于加快儿童的成熟，这样儿童才能逐渐适应社会，形成耐心这种优秀的品质。

□如果成人对儿童进行干涉，会让他们感到不愉快。如果我们让儿童自由选择，他们会按照自己的行为方式做事。

□孩子们互相帮助的方式与成人不一样。只有在必需的情况下，孩子们才会向别人提供帮助。

□儿童具有帮助、鼓励、安慰弱者的本能。他们会努力安慰他人，希望唤醒这个孩子的优秀品质。

第 4 章

警惕偏离正轨的孩子

MONTESSORI BRINGING UP

YOUR 5 YEARS OLD

CHILD

玩具只是让儿童产生了各种幻觉，却不能让儿童学会任何真正意义上的运用理智和全神贯注。

·1·

神游

当游移不定的心灵找不到可以停靠的对象时，就容易被图像和符号所吸引。一旦儿童发生这种心理失调，就会有坐立不安、到处乱动等表现。这些孩子看上去活力充沛、难以自控，但他们进行的活动毫无目的。他们可能刚刚着手做一件事，但是没过一会儿就将其抛之脑后，又开始干新的事情，因为他们的心思分散到许多不同的事物上，无法集中在某个对象上。

对于儿童由于心理失调表现出的这种散漫和不守规矩，成人可能会进行惩罚或者耐心地容忍对待，但实际上，对儿童的这种幻想，我们是持赞成和鼓励的态度的，并把它视为儿童创造性的表现。

德国教育家福禄培尔就发明了许多鼓励儿童沿着这些方向发展想象力的游戏。成人有时教儿童观察他自己用积木搭出的马、火车或城堡等。儿童的想象力能够给任何一件事物赋予意义，但是与此同时，在他们的心中也产生了一种幻想：一个门把手变成了一匹马，一张椅子变成了皇帝的宝座，一块石头变成了一架飞机……

成人为孩子准备了各种玩具，让他们去玩。但是如果这些玩具只是让儿童产生了各种幻觉，不能让儿童学会任何真正意义上的运用理智和全神贯注，不能结合与现实相关的真实情境和富有建设性的环境，那么这些玩具除了刺激儿童去活动外，是起不到其他任何实质性作用的。这种刺激就会像一阵微风撩起了余烬的星星火苗，星星火苗虽然看起来好像有复燃的迹象，但很快就会熄灭，儿童的这些玩具也是会很快被丢在一旁的。但是，很多成人都认为，在儿童自由活动时，玩玩具是他们释放能量的唯一途径，他们认为这些玩具就像能吹起燎原之火的微风，相信儿童会在玩玩具中获得幸福。

尽管儿童很快就会对玩具产生厌倦然后把它们弄坏，但成人依然不曾改变自己的想法。当成人慷慨地把玩具作为礼物送给儿童时，儿童会觉得他们慈祥而大方。玩玩具确实是儿童所获得的仅有的自由，但儿童还是应该在这个宝贵的时光中为将来更好的生活奠定基础。这种“分裂的”儿童，即使在秩序、协调、纪律等方面表现有所欠缺，在学校里也被视为非常聪明的孩子。

在我们的学校里，当我们为这些孩子提供了适宜的环境，我们可以看到他们能够马上展开某些工作。他们到处乱动、坐立不安的表现消失了，以平静的态度面对现实，开始通过工作完善自己，从而表现得和其他正常的儿童一样。在这个过程中，这些儿童无目的的行动变得有了方向，身体四肢的行动能够服从思想的指挥，并开始真正地观察与认识周围的环境和现实的情形。至此，他们对知识的探究已经代替了漫无目的的好奇心理。心理学家通过细致的观察和研究，将这种没有得到正常发展的想象力和对游戏的过分热衷定义为“心理的神游”。

神游是一种逃避、寻找安慰的表现。人在逃进游戏或幻想世界中去时，常常也掩藏了他已经分裂的心神。神游也是自我的一种无意识防御，能使自己逃离痛苦或危险，将自己隐藏于某个面具之后。

自我封闭的人把求知、探索数学和科学的奥秘、欣赏动听的音乐，都当成“敌人”。

·2·

抵触

老师们发现，想象力非常丰富的孩子并不像人们认为的那样，是班里最优秀的学生。相反，他们在学习时往往收获甚少或一无所获。尽管这个事实确实存在，但是没有人对这些孩子的思想是否偏离正轨产生疑惑。相反，人们认为这些孩子由于正在进行极富创造力的思考，致使他们不能专心于眼前。但是，如果孩子的思想已经偏离正轨，他们是无法控制自己的思想或正常地发展自己的潜能的。这一现象也恰恰表明：这些儿童的智力并不如我们认为的那样高超。

儿童的这种思想偏离正轨不仅表现在心灵陷入幻想世界，还表现在丧失勇气、试图封闭自己等。在一般情况下，他们的智力水平往往落后于正常的儿童。由于他们无法正常地控制自己，他们就像骨折了一样，要想恢复健康就必须经过专门的治疗，才能调整失调的思想进而发展智力。但是，这些儿童不仅没有得到精心的照顾和治疗，相反总是受到威吓。偏离正轨的思想是禁不住强力压迫的，任何人想以这种粗暴的方法来纠正儿童，都将导致儿童形成叛逆的性格。

这种叛逆的性格并不是我们通常见到的那种儿童表现出来的表面上的漠不关心和不服从的态度，而是一种完全失控的心理防御。它会阻碍儿童接受外界带来的影响。心理学家把这种表现看作一种心理障碍。

儿童心中的这个障碍会使他的反应变得越来越消极。在这种防御机制的作用下，儿童的心里会无意识地说："你在说话，不过我不听；你不断地重复，不过我就是当作耳边风。因为我正忙着建一堵墙，把你隔离开，只有这样我才可以拥有属于自己的世界。"

长时间地处于这种自我防御状态，会使儿童看起来在某些才能方面有所欠缺。其实，观察这类儿童的学习会发现，他们的智力往往低于正常水平，在学算术和拼写时有困难。即使是一个聪明的孩子，如果对许多类型的学习存有心理障碍，甚至抵制任何类型的学习，人们也会认为他是笨拙的。

一般情况下，心理自我防御并不会是唯一的障碍，往往与对外界的防御一起存在。心理学家通常把这种防御叫作“抵触”。有这种心理问题的儿童一开始会抵触某一学科，然后抵触大部分学科，再然后是抵触学校、老师和同伴。这时在这些儿童的心里就不会轻易再有爱心和友善了，他们会害怕学校并且想逃避上学。

这些在儿童时期形成的心理障碍给人们带来的影响往往是终其一生的。许多人一生都不喜欢数学，就是这个原因。他们不仅无法理解数学，甚至一说起数学就会产生一种心理障碍，表现出焦虑、厌恶的情绪。在其他学科也可能出现这样的情况。

我以前认识一位年轻的女士，她出身于良好的家庭，而且十分聪明，但是她在拼写上常常出现不可思议的错误。她每一次尝试改善这个缺陷，都以失败告终，而且这个问题似乎还随着练习的增多呈现递增的趋势，甚至阅读经典名著也无济于事。然而，让我感到非常意外的是，有一天我发现她的书写既漂亮又正确。在这里，我不想详细地描述其间的过程，但是有一点很明显，她一定找到了表达自我的正确方法，一定是有一种神秘的力量，让她发挥出这方面的能力，在拼写时不再错误连连。

可能有人要问，“神游”和“抵触”这两种问题，哪一种更严重。我们在实践中已经证明神游比较容易治愈。通过打比方可以发现其中的原因：一个人逃离了某个地方，是由于他在那里没有得到自己需要的东西，可是如果那个地方的环境出现了变化，可以满足他的需求，他还能够随时回去。

实际上，在我们的学校中，最经常见到的现象就是心理失调和有极端行为的孩子突然有了转变，他们好像一下子就从遥远的地方回来了。他们不但改变了自己无序的工作习惯，而且还有了一种更深层的转变——拥有了平静和满意。儿童经历了一次自然而然的转变，偏离正轨的思想回归了。但如果他没有使自己的思想转入正轨，这种心理失调带来的影响就有可能是终生的。许多看似想象力丰富的成人，其实对所处的环境只有模糊的感觉，并且极易受自我感觉印象的控制。

这些人以他们富于想象的特点而为人所知，但思维缺乏秩序性，只能成为一个对光、天空、色彩、鲜花、风景、音乐等积极赞美的人，这使他们拥有一种敏感而浪漫的行为方式。但是这些人并不了解他们所赞美的光，也无法真正地热爱它，即使是给他们带来灵感的闪亮的星星也无法让他们长时间地全神贯注，从而学习最基本的天文学知识。他们具备艺术家的气质，但是创造不出任何作品，因为他们不能耐心地去学习任何技能。通常，这些人不知道该如何动手做事，也无法保持平和的心态，更不能全身心地投入工作，他们常常神经质地碰东碰西，并总是打碎东西。他们还会心不在焉地拔出他们赞美过的鲜花。他们不能创造美的事物，也无法让自己的生活过得更幸福，不知道怎样去发现世间的诗情画意。如果没人帮助他们，他们将不知所措，因为他们把自己的缺点和嗜好视为完美的标志。这种思想偏离正轨始于儿童时期，那是容易造成混乱的时期，因为当一个人误入歧途、偏离正轨，他一开始很难发现这个问题。

抵触与神游是不一样的。抵触很难克服，即便在幼儿身上出现也很难克服。抵触会在一个人的心中建起一堵封闭的墙，把自己与外界隔离开，使自己不受外界侵犯。但是，由于他同时也把自己与世间美好的事物隔离开了，所以就很难拥有幸福，只能在自我这个封闭的舞台上唱着独角戏。自我封闭的人把求知、探索数学和科学的奥秘、欣赏动听的音乐，都当成“敌人”。

由于抵触这种心理偏差的影响，儿童天赋的能力偏离了正轨，以致他们发现不了任何自己可能感兴趣的事物。对学习的抵触导致了他们对世界的厌倦和抵触，在学习中他们也无法掌握自己谋生的方法。

懒惰的人像得了重病的人一样虚弱，他们外在的活力和创造力都表现出一种衰退的迹象。

·3·

依附

有些儿童在性格上易于退缩、意志薄弱，他们难以摆脱成人的影响。这些儿童会依附于一位愿意为他们做好一切的成人，对这个人产生过度的依赖。他们缺乏活力、爱哭，而自己却意识不到这一点。他们以抱怨的态度面对所有的事物，还表现出正在遭受痛苦的样子。

人们都会觉得这些儿童内心敏感而又感情丰富。但儿童意识不到自己总是显得不耐烦，他们自己不能摆脱这种充满压抑感的烦躁，只好求助于他人。他们依恋他人，就像只能靠依附于他人才能生活似的。他们想要成人帮助他们，特别是陪伴他们玩耍，给他们讲故事、唱歌，不想让成人离开他们。成人就像这些儿童的奴隶。这种状态看起来是儿童和成人之间彼此理解、拥有深厚的感情，其实是他们一同陷入了一张网中。

这些儿童好像特别渴望获得知识，他们总是不停地问“为什么”。然而仔细观察，我们就会发现，他们并不认真听成人的回答，而只是简单地重复他们的问题。他们表面看来是在十分热切地求知，其实是想把这个能够帮助他们的人留在身边。

这些儿童会为了服从成人无关紧要的命令，轻易放弃自己的活动。成人也很容易把自己的意志强加给性格温顺的儿童。这里存在着一种巨大的危险，它将造成儿童对事情态度冷漠，而这又会被视为迟钝或懒惰。

如果儿童懒惰，他们就不会妨碍成人了，这会让成人感到高兴。但是这样下去，儿童会越来越严重地偏离正轨。

其实，懒惰是一种心理疾病。懒惰的人像得了重病的人一样虚弱，他们外在的活力和创造力都表现出一种衰退的迹象。基督教认为懒惰会使人的灵魂死亡，它是人类的原罪之一。

成人正是通过这些毫无价值的帮助和潜移默化的影响，把自己的意愿强加给了儿童，阻碍了儿童正常的心理发展。

当儿童对某样物品产生了依赖时，他们就偏离了那座连接着自己与内心生活的“桥”，就会因此而希望得到外物的帮助。

·4·

占有欲

幼小的婴儿和正常的儿童对周围的事物并不冷漠，而是拥有一种深深的热爱。他们具有一种自然倾向，就是要充分使用他们的多种感官功能。这就像饥饿的人要寻找食物，或者像人们为了满足物质需要而渴望获得某种东西一样，这种渴求并不是发自理性的。比如，当我们已经吃饱的时候就不会说：“我已经很长时间没有吃东西了，再这样下去，我就不能保持体能，甚至可能活不下去了。所以，我需要吃一些有营养的食物。”很明显，饥饿是很痛苦的，它会促使我们去寻找食物。同样，儿童对周围的环境也有一种饥饿感。他们寻找的是能填补心灵饥饿的“食物”，而能为他们的心灵提供营养的就是儿童的活动。

有些儿童没有从促进自身发展的活动之中获得动力，那他们可能就会完全被“物品”所吸引，而希望占有它们。因为将物品拿走并保存起来并不需要知识和热爱，是很容易做到的。可是这同样会消耗儿童的心理能量，他们有限的心力就这样被分散和转移了。如果这些儿童看见一块金表，可能就会说：“我要它。”其实，他们可能还没有学会认时间。与此同时，另一个有此特征的儿童也会叫起来：“不，它是属于我的。”两个孩子就这样准备为一块金表而打架，也不管会不会把金表弄坏。他们用这种手段进行竞争，当然也毁坏了他们渴望拥有的东西。

其实，人们在爱和拥有之间作出的最初选择决定了他们是否会在心理上偏离正轨。当一个人作出了选择，就会沿着他认定的道路向前走。儿童展现出的某种本能，就像章鱼伸出触角一样，使他们迫不及待地去抓住自己想要的东西，甚至不惜破坏。他们会紧紧地抓住这些东西，像保卫自己的生命一样保卫它们。当他们都想占有同一个东西时，强壮而充满活力的孩子就会通过打架来战胜其他孩子，保卫自己的财产。因为这些孩子常常会有共同的欲望，所以就会经常吵架。这只会造成儿童冷酷无情的态度和总为小事争吵的痛苦。而成人对这种争执却满不在乎，发生这种情况是由于一个人的自然能量被转移了，是人们内心的黑暗导致了占有欲的产生，和外界的物质条件没有关系。

正常的儿童会根据自己的喜好自由地对事物进行选择。他的注意力并不是专注于事物的本身，而是通过这个事物能够认识到其中所包含的知识和信息。儿童的占有欲会经历一个变化的过程。经常令人感到奇怪的是，儿童得到了他们想要的东西之后，会扔掉甚至弄坏它们，好像他们天生就有一种破坏欲一样。不过，这种情况也不难理解，因为几乎没有什么东西能令人永远保持兴趣。

比如，我们的手表是用来指示时间的，可儿童拿到手表之后很可能会把它弄坏，因为儿童还不懂得什么是时间。即便是年龄较大的孩子，知道了手表的用途和价值，当他们拿到手表的时候，吸引他们的也许是手表是怎样做成的。有的孩子还会把手表打开，看看里面的齿轮和指针，观察它们的工作状态。

其实，这已经表明，他们的兴趣点不在手表本身，而在于手表的工作原理，他们对物体的需要也不停留在物体的本身，而是希望获得进一步的了解。

占有心理的第二种类型正是努力了解事物的工作方式，并以各种表现形式存在着。比如，儿童去摘花，而摘下来之后又会把它扔掉或弄碎，这时，他的破坏欲和占有欲同时存在着。而了解了花的构造和各部分功能后，儿童则会专注于对花进行观察和研究，而不是去摘花或者弄坏它。可以说，他想占有的是跟花相关的知识，他的兴趣具有了一定的求知性。相似的，儿童可能会抓住蝴蝶而弄死它，而当他对昆虫以及昆虫的自然角色产生兴趣的时候，他就不会这样了，而是开始用心地对蝴蝶进行观察。被周围事物吸引的儿童充满着对知识信息的强烈占有欲望。他们小心翼翼、投入而专注地进行自己的活动，他们“深深地爱上了周围的环境”。

对知识充满好奇和获取的热情，这是一种高层次的占有心理，儿童会在这种心理的引导下推开知识的大门。好奇心是激发科学研究的动力。而且，这种对事物的好奇心还会影响他们对待相关的其他事物上面。通过观察可以发现，在我们的学校里，这种占有心理转变成了一种爱护的情感。孩子们爱护自己的作业本，从不在上面乱撕纸，而且本子保持得干干净净，没有墨渍和涂抹的痕迹。

历史上的成功人士都热情地追求着美好的事物。他们以各种方式思考生命，保护和发展生命，以自己的智慧为生命提供帮助。农民们勤勤恳恳地照看着亲手种植的作物和饲养的动物，科学家们日夜不停地进行试验研究，人性从最初的占有心理和破坏欲开始，慢慢转变为爱和服务他人。小时候破坏花园里植物的孩子会渐渐投入对植物成长的细心观察与呵护，在他们的口中，那些花花草草不再是“我的……”而是“这个……”。他们心灵世界出现了一种新的意识，而他们的爱与情感也随之升华了。

说教无法防止孩子破坏东西。有时候，孩子对事物的占有欲只是源于不想让别人得到，对此，如果我们一味地说教，效果不会持久，他们很快还会这样做。而专注地工作能把知识和爱传递给孩子，能挖掘孩子内心深藏的美好。宗教提出了学习、爱和服务他人的信仰与精神追求，而儿童才是人类精神的真正建造者。他们向我们展示出大自然指导人类成长和发展的规律，揭示出大自然教授我们的做人行事的道理。对于人类来说，重要的不是物理学、植物学或者手工作品，而是人类的内在精神和意志，它需要不断地被完善。因此，可以说，儿童创造了人类的灵魂，儿童的成长和发展所面临的阻碍也会像石头一样压抑着人类的心灵。

儿童道德训练的一个重要内容就是训练儿童不要依附于物质的东西。这种教育是以尊重他人的财产为基础的。当儿童对某样物品产生了依赖时，他们就偏离了那座连接着自己与内心生活的

“桥”，就会因此而希望得到外物的帮助。如果这种欲望渗透到儿童的思想中，就会让人们觉得这是儿童的一种本性。

性格沉默的儿童也会把注意力转向没有价值的东西，只是他们是以不同的方式去占有物品的。他们不善争吵，也不易与他人发生冲突。他们大多会将物品收集起来藏好，这些儿童往往被视为收藏家，虽然他们并不会把物品分类，而且他们收集的物品总是种类繁多，相互之间也没有联系。有些智力有缺陷的成人和犯过罪的少年，口袋里经常会装有一些没用的或不相关的东西。这些人拥有一种他人无法理解的收藏癖好。内向和沉默的儿童也会进行类似的活动，可他们的表现被认为是完全正常的。这些儿童会尽全力保护这些东西，不让他人抢走。

关于这种收藏的偏好，心理学家阿德勒有一种有趣的解释，他认为这种情形就像成人的贪婪。在婴儿期，它的萌芽就可以呈现出来。一个人对那些没有用处的东西的欲望会像一剂致命的毒药，会使自己因失去基本平衡而陷入混乱。可父母在看到孩子保护自己的财产时，会感到非常高兴，并将其视为人的一种本性、社会的一个重要因素。人们往往都能够理解和认同儿童具有的这种占有欲和收藏的习惯。

成人满足儿童物质需要的能力是有限的，而儿童对物质的渴望却是没有止境的，最后成人与儿童将产生矛盾，甚至导致剧烈的冲突。

·5·

支配欲

支配欲是另一种偏离正轨的心理，它跟占有欲有关。人类由于本能地热爱环境，便会表现出一种力量，想占有外界的环境。然而，当这种力量不是在心理发展过程中自然地产生时，它就会发生畸变，成为贪婪。

当一个偏离正轨的孩子感到有一个强大有力、无所不能的成人在身边时，他就会进入良好的感觉状态。儿童意识到要利用成人的能力来提升自己的能力，他们开始借助成人的帮助来完成超越自己能力范围的事情，我们完全可以理解儿童的这种做法，所有的儿童都会受到这种潜移默化的影响。这种做法很难得到纠正，而儿童会认为它是完全合理的。

其实，这是儿童使用的典型策略之一。特别是软弱、无助的儿童，他们会觉得这是一种非常自然、合理的做法。当他们发现一个强大有力的成人可以帮助他们时，他们就会采取这样的策略。他们会提出一些在成人看来不合理的要求，而他们的欲望是无边无际的。在富有想象力的儿童心中，万能的成人可以实现他们的所有愿望，即使他们的愿望是极其奢侈、变化无常的。

我们可以在神话故事中看到类似的情形，儿童都深深地迷恋这类故事，他们觉得那些神话似乎正表现出了自己的愿望。故事中的仙女能给身边的人提供他们可望而不可即的财富和恩泽。当然，仙女也有好坏美丑之分。生活在儿童周围的成人也会被他们想象成仙女：有些仙女像祖母一样老迈，有些仙女像母亲一样年轻美丽；有些仙女穿得破烂不堪，有些仙女则穿金戴银、富贵华丽。而不管怎样，她们都深爱着自己的孩子。

在儿童眼里，成人无论是高是矮，是胖是瘦，他们总是强大有力的。儿童开始根据自己的愿望支配成人时，成人或许会因为自己给儿童带来了幸福而感到高兴，但之后他们终将会因为一次次的妥协受到惩罚。

当儿童的第一个要求得到满足后，他们就会接着期待第二次胜利。成人作出的让步越多，儿童的欲望就会越多。最终，成人一味地迁就和妥协将会纵容儿童欲望的无限发展，从而带来不可挽回的严重后果。毕竟，成人满足儿童物质需要的能力是有限的，而儿童对物质的渴望却是没有止境的，最后成人与儿童将产生矛盾，甚至导致剧烈的冲突。当儿童的任性变为成人的灾难，成人才会突然意识到自己的错误，然后发出感慨："是我宠坏了自己的孩子。"

一个听话的孩子也有支配成人的方法。他会用情感、泪水、恳求、忧郁的目光，甚至一种自然魅力来征服成人。成人会向这种儿童妥协，直到他们无法给出更多的东西，儿童会因此而觉得痛苦，并出现各种偏离正轨的问题。这时候，成人才会察觉出是自己的所作所为造成了儿童的缺陷，然后开始努力寻找解决问题的方法。

但是，纠正儿童任性的方法是很难找到的。教导和惩罚都是无效的，这就像命令一个发高烧、神志不清的人必须退烧否则就要揍他一样。然而，当儿童屈服于成人时，虽然可以说明成人没有娇惯孩子，但是他们阻碍了孩子的自然发展，让他们走上了另一条歧途。精神分析学家弗洛伊德用“压抑”这个词来形容成人的一种根深蒂固的心理障碍。这个词本身已经清楚地说明了心理障碍产生的原因。

由于成人不断地给儿童消极的暗示，会使他们认为自己是软弱的，他们的行动欲望必然会因此受到压抑。

·6·

自卑感

有时候，成人对儿童表现出了轻视，而他们自己却没有意识到。一位父亲可能觉得自己的孩子漂亮完美，还可能会以他为骄傲，并对他的未来充满了殷切的期望，但是，似乎总有一种神秘的力量控制着他的言行，让他对孩子表现出不信任，或产生一种模糊的看法，认为孩子一无所知又有缺点，需要成人进行指导和教育，这就促使成人对儿童产生一种轻视。在他眼里，弱小的儿童就是自己的附属品，他按照自己喜欢的方式来对待儿童。连他不愿在其他人面前表现出的自觉可耻的言行，都可以无所顾忌地表现在孩子的面前。在家庭中，他用父亲的权威掩饰自己的贪婪和暴虐，不断对儿童的自尊造成伤害。

如果一个成人看见一个孩子端着一杯水，就会担心杯子被摔碎。这样想着，这种贪婪就使杯子在他眼中变成了一件宝贝，于是他很快从儿童的手中拿过杯子。

采取这种做法的成人可能很富有，而且还想持续地积累财富，希望儿子比自己更富有。但那一刻，在他眼里，一只杯子比孩子的活动更有价值。他心里会这样想：“为什么孩子放杯子的方式跟我不一样呢？他难道不能按我喜欢的方式放杯子吗？”同时，这个人也心甘情愿为孩子做一切牺牲。他期待着孩子的成功，希望看到孩子长大后成为一个有名有权有势的人。只是当他看到孩子拿杯子的时候，一种权威和暴力的冲动支配了他，使他把精力投注在保护一件无关紧要的物品上。假如那样端杯子的是一个仆人，父亲对此只会报以淡淡的一笑；如果摔坏这只杯子的是一位客人，他也不会放在心上，而且还会马上说，这只杯子一点儿也不贵重。

所以，儿童将会持续处于受挫的情绪状态中，他们会认为自己在别人眼里是不能被信赖的人，是爱惹祸的人。而他们也会觉得自己没有能力，还比不上那些禁止他们接触的东西珍贵。

我们应该改变这样的做法。成人应该允许儿童接触各种东西，在工作中使用它们。而且成人还应该让儿童在做的过程中采用一种适当的、持续稳定的方式。所有这一切都对儿童的人格发展具有重大意义。成人不会去刻意留心自己在日常生活中的习惯性行为，因为那就是他们生活的一部分。一个成人早晨起床后，就知道他必须做什么，并一项项按照规律完成他的日常行动，这似乎是世界上最容易做的事情。他的先后动作几乎都是自动的，就像自然地呼吸和心跳一样。

儿童也必须形成自己的行为习惯。但是，人们很少对他们连续的行为过程给予尊重。

✕有时，成人认为散步的时间到了，就会打断正在游戏的儿童，将他们打扮一番带出去。

✕有时，一个孩子正在进行自己的工作，比如，往一个桶里装石块，这时母亲的一位朋友来做客，母亲就会让孩子停下手里的活动跟她去见客人。

成人总是这样突然地闯进儿童的世界，不断地打扰他们的各种活动。

强势的成人指挥着儿童的生活，却从不跟儿童商量，他们不顾及儿童的需要，导致儿童误以为自己的活动是没有意义的。而事实却恰恰相反，如果儿童看到成人在讲话，在打断他们之前，成人一定会说“如果你愿意的话”或者“如果你可以的话”这样的话，即便是对一位仆人，他们也会如此。那么，儿童就会感到自己跟其他人是不同的，认为自己没有价值，应该服从他人。

我们已经发现，只有在心中做好计划，我们的行为才能具有连贯性，这是儿童发展的重要一点。终有一天，成人要告诉儿童，他们必须对自己的行为负责。而能够透彻理解各种行为之间的关系，正确地判断它们所具有的意义，才能使儿童产生责任感。

在成人不尊重儿童的情况下，儿童只能感到他们做的所有事情都是没有价值的。一位父亲可能会因为没能成功培养儿子的责任感和自我控制能力而难过，其实他或许恰恰就是破坏孩子行为连续感和自尊感的人。这个孩子的心里可能深藏着一个固执的念头，觉得自己很笨拙和没有能力。其实，要想承担责任，每一个人都必须成为自己行为的主人，并信心饱满地面对自己。

一个人会沮丧，最大的原因就是他固执地认为自己没有做某些事情的能力。一个瘫痪的人一定不希望跟一个完全健康的人赛跑；一个普通的人也不会想去跟职业拳击手比试拳击。无法取胜的感觉会让他们在比赛之前就失去所有的勇气。

由于成人不断地给儿童消极的暗示，会使他们认为自己是软弱的，他们的行动欲望必然会因此受到压抑。不仅仅如此，成人在阻止儿童活动的同时，还会不断地对他们说："你没有能力做那件事，任何这样的尝试对你都是没有意义的。"有些粗暴的成人甚至会更加严厉地训斥儿童："傻瓜，你在做什么？你难道不知道自己做不了那件事吗？"这种做法不仅是在阻碍儿童的工作，扰乱他们行为的连续性，而且还是对儿童的一种羞辱。

这些做法强化了儿童的自卑心理，他们会认为不仅自己的行为是没有意义的，而且他们本人也是笨拙和差劲的。这种想法就是儿童缺乏勇气和自信的心理根源。如果一个成人遇到比自己更强势的人阻碍他做自己喜欢的事情时，至少他会寄希望于将来可能出现另一个比自己软弱的人，那时这个人将不会再阻止他做自己喜欢的事情。可当一个成人使儿童相信了自己是无能的，那么孩子的整个心灵都将被乌云所笼罩，他们会陷入一片冷漠和恐惧之中。

在这种情况下，儿童的内心就会形成一种障碍，就是我们所说的"自卑感"。自卑感会深深地扎根在儿童内心深处，无休止地带给他们自卑的烦恼和冲突，使他们在生活中总是觉得自己无能或比别人差。

自卑感会带来很多痛苦。胆怯、犹豫不决、退却、爱哭，甚至绝望，这些都是自卑心理造成的。

相反的，正常的儿童最突出的特征就是自信，并能把握自己的行为。

有一次，在圣罗伦佐的儿童之家，前来参观的人因为老师放假，以为要无功而返而感到非常失望。那天虽然老师不在，孩子们却可以自己打开教室门进行活动。一个小男孩带着这些人参观了学校，这个孩子一点儿也不傲慢，相反还表现出了完美的个性。这是因为他对自己的潜力有一定的了解，他也知道自己正在做什么，他按步骤带领来访者进行了参观，而且一点儿也没觉得自己做了什么特殊的事。

还有一个故事：

一个小男孩正在用活动字母拼字。这时，意大利皇后出现在了他面前，请他拼出“意大利万岁”，男孩丝毫没有被扰乱，听到这个要求后，他就把自己正用来拼写的字母放回原处。他做得非常从容，就像只有他自己在那里似的。出于对意大利皇后的尊重，我们当然希望他可以先停下这项工作，马上执行皇后的命令。但在拼写新词之前，男孩必须把刚才使用过的字母放回到原来的位置。完成这项工作后，小家伙就用字母拼出了“意大利万岁”。

这个男孩只有4岁。但从他控制自己行为、情感的能力和对环境的自信上来看，他已经是一个“小大人”了。

成人有时利用儿童缺乏知识和经验的弱点，以模糊的恐惧吓唬他们，迫使他们听从自己的命令。这是成人对付儿童的手段中最不可取的一个。

·7·

恐惧

人们认为儿童感到恐惧是很正常的。其实，这种心理也是偏离正轨的。人们还认为恐惧跟儿童身处的环境没有关系，只是儿童心理失衡的一种表现。也就是说，儿童觉得恐惧就像感到害羞一样，是他们性格的组成部分。有些儿童非常胆怯，就像被强烈的恐惧气氛所笼罩一样；还有一些儿童，他们勇敢、充满活力、能够面对危险，可他们有时也会害怕他们眼中那些神秘、奇怪和不可战胜的事物。这种态度可能源于他们以前见到的一些印象深刻的东西。比如，不敢过马路、担心床底下有猫或者害怕看到鸡等，这些恐惧很像精神病专家在成人身上发现的病态恐惧症，它经常在那些比较依赖成人的儿童身上出现。成人有时利用儿童缺乏知识和经验的弱点，以模糊的恐惧吓唬他们，迫使他们听从自己的命令。这是成人对付儿童的手段中最不可取的一个。因为它通过随处可见的恐怖形象强化了儿童与生俱来的对黑暗的恐惧。

只要能促进儿童接触现实，体验和理解他们所处的环境，就能帮助他们摆脱这种紊乱的恐惧心理状态。我们创办的学校希望实现儿童的正常化，而它最初取得的一项成果就是消除儿童潜意识里的恐惧。

> 一个西班牙人有4个女儿，其中最小的女儿在我们的一所学校里学习。每当雷雨交加的夜晚降临，4个孩子中唯一不害怕的就是那个最小的女儿。她会把姐姐们带到爸爸妈妈的房间去，让她们在那里得到保护。而那些被恐惧所困扰的姐姐，却都以这个小妹妹为真正的精神支柱。如果她们在黑暗中感到害怕，她们就跑到妹妹的身边，那里可以使她们战胜恐惧。

“恐惧的心理”与面临危机时由自我保护的本能所产生的畏惧不同。儿童出现畏惧心理的情况比成人少，这不仅仅是由于儿童遇到的危险比成人少。可以说，儿童能比成人更迅速地以自然状态面对危险。其实，给儿童造成危险的往往是他们自己。街上的流浪儿会去偷汽车或卡车上乘客的钱，乡村里的孩子会爬树或沿着陡坡向下冲，他们还能跳进河里甚至海里自己练习游泳。在无数次拯救或试图拯救同伴的行动中，儿童更是表现出了无比的勇敢。我们几乎每天都能从报刊上读到青少年的种种英雄行为。

我们学校中的孩子还没有表现出英雄主义的倾向，虽然可能是因为他们目前还没有遇到这样的机会。我们学校的孩子往往具有一种“谨慎”的意识，这使他们能远离危险，也让他们学会与危险同在。他们会使用桌上甚至厨房里的小刀，能划火柴点燃起较大的火苗；他们敢独自站在水池边，敢穿越城市的马路……我们学校里的孩子已经学会了怎样避免焦躁，控制自己的行为。他们因此能拥有一种更崇高、更平静的生活。

所以，正常化不是要将自己置于危险之中，而是要让儿童形成一种谨慎的态度，能够意识到危险并掌控危险，进而在危险的情境中也可以生存下去。

儿童的心灵是纯洁的，当他们带着真诚的伪装说谎时，会表现出无法平静的状态。

·8·

说谎

偏离正轨的心灵，就像枝丫纵横的植物，会向四面八方伸展开去。但这些枝丫都来自深埋在地下的同一条根。在那里，我们能找到儿童“正常”的奥秘。在教育中，存在一个常见的错误认识，就是认为各种偏离正轨的心理是互不相关的。

说谎是一种最严重的错误。欺骗就像掩蔽着心灵的外套，如同一个人的所有服装一样，可以进行各种不同的伪装。各种各样类型不同的谎言都有自身的意义和重要作用。有的谎言是正常的，有的谎言是病态的。20世纪的精神病研究者针对患有歇斯底里症的病人进行研究时，对他们表现出的不能自控的说谎行为十分关注。在这些病人中，大部分人都说谎，严重的甚至每一句话都是谎话。人们还注意了儿童在青少年法庭上的说谎现象，包括儿童被传唤做证时说谎的概率。

儿童的心灵是纯洁的，当他们带着真诚的伪装说谎时，会表现出无法平静的状态。进一步的研究表明，这些儿童其实想说真话，他们由于心理紊乱而产生说谎的行为，可这时情绪的波动又进一步加剧了他们内心的紊乱。隐瞒真相的谎言，有些是经常性的，有些是偶然发生的。不管怎样，它们都跟儿童为了保护自己而说谎的情况是不同的。

正常的孩子在日常生活中也会说这种谎话。它可能由儿童充满幻想地描述一种事物而产生，也可能是对其他人认为真实的事物的一种夸张。这种谎言不是以个人利益为目的的，也不是儿童真的想要欺骗他人。它就像一次投入角色的表演一样，可能只是采用了一种艺术的手法。这里就有一个例子：

有些孩子对我说，他们的妈妈会调制一种蔬菜饮料，专门用来款待到家里做客的客人。这种饮料健康而美味，客人都很喜欢，说是他们喝过的最好喝的饮料。这些孩子把故事讲得生动而详细，让我忍不住特意去向他们的妈妈讨教怎样制作这种饮料。结果妈妈却说自己从没有做过这类蔬菜饮料。

这是儿童用谎言来表现想象力与创造力的典型事例。他们没有什么企图，只是在编故事。这也跟那些因为懒惰和不想探求真相而说谎的情况不一样。

有的时候，谎言可能产生于巧妙的推理：

我认识一个5岁的小男孩，他的妈妈临时把他寄托在一所寄宿学校。照看他和其他几个孩子的保育员非常称职。他对这个临时寄宿的男孩也特别关心。可过了一段时间，这个小男孩开始向妈妈抱怨，说这个保育员太严厉了。妈妈就到学校找校长了解情况。经过证实，这个保育员是十分和蔼可亲的，而且对男孩更是慈爱有加。这位妈妈问儿子为什么要说谎，他的回答是："我不能说那位校长不好。"

这个孩子说谎，并不是他不敢指责校长，而是为了适应环境而向传统的势力屈服。儿童在适应环境方面会采用狡猾的手段，这样的例子还有很多。

与之相反，软弱和胆怯的儿童说谎大多是由于一时的冲动。他们说谎就像条件反射一样，是一种防御手段，并没有经过仔细琢磨。这些谎言都是临时编造的，天真可笑，通常都很容易辨别。

有些老师只想到要跟谎言作斗争，却没有注意到这种谎言的起因。它们体现了儿童在成人强势进攻下的自我保护。而这些说谎的儿童却会因为软弱、不知羞耻和不能完成被安排的任务而受到责备。

欺骗是出现在儿童时期的一种智能现象，它会随着儿童成熟的过程而变得有条理。很多人都认为，欺骗对人类社会发挥着极为重要的作用，就像人们的衣服一样不可或缺，甚至有时是美丽的。

我们学校的孩子却能摒除这种被歪曲的观念，以自然而真诚的状态表现自己。说谎并不能奇迹般消失，我们可以改造它，但无法转变它。清晰的思想、与现实的接触、精神的自由以及对善良和崇高的渴望，都能够帮助儿童改造心灵。

社会生活被一种虚伪的气氛所笼罩，以致当人们努力纠正社会风气时，就会使社会陷入混乱。许多从我们的学校离开后进入更高级别学校学习的孩子，总会让人觉得缺乏礼貌而又不听管教。其实，这是由于他们比其他儿童更真诚，他们不会作出适当的妥协。普通学校的老师不承认这一点。普通的学校就像社会一样，它们的训练和规范充满欺骗。这些学校的老师没有见过像我们学校的孩子具有的这种真诚，也不认可儿童的这种真诚，甚至把这种真诚当作影响其他儿童受教育的一个重要因素。

在人类心灵史的研究中，心理学家作出的最杰出的贡献之一，就是对潜意识的隐瞒作出解释。成人的羞耻意识和非儿童式的虚构编造，形成了人类生活中的谎言。它们就像哺乳动物的毛皮、鸟类的羽毛一般，遮掩和保护着人们内部隐藏的重要信息，隐瞒就是隐藏自己的真实感受。在一个与自己的自然情感矛盾的世界中，只有从自身建构起谎言，才能生存。由于人们是无法长时间地跟社会抗争的，因此就只能妥协于社会。

成人最明显的隐瞒行为之一就是虚伪地对待儿童。他们牺牲儿童的需要而满足自己的利益，而他们又不能容忍自己去承认这个事实。他们努力让自己确信，他们正在履行的是一种天赋的权力，他们所做的事情都是对儿童的将来有好处的。当成人看到儿童努力保护自己时，他们不去想这到底是怎么回事，而是认定儿童为保护自己而做的所有事都是反抗的表现、错误的倾向。

成人拥有的越来越微弱的真理和正义被一种虚伪的习惯所取代，他们根据自己的权利和义务去谨慎地做事情。成人的心已变得冷漠无情，就像铁石一样，甚至比所有东西都坚硬，只是偶尔闪现水晶一样的光芒。“我的心像石块般坚硬；我用力击打它，而我的手也因此而受了伤。”这是但丁在《神曲·地狱篇》中使用的一个生动巧妙的比喻，他把仇恨比作了冰。人们心中的爱和恨正像液态的水和固态的冰这两种不同状态的存在。

隐瞒自己的真实情感是人类的一种精神谎言，他们妥协于虚伪的社会，而他们的内心也会渐渐地从爱转变为恨。这是隐藏在潜意识深处的最可怕的谎言。

一个孩子在3～6岁这个阶段被忽视的话，到了他7～12岁开始发展性格和道德方面时，就有可能出现问题。

·9·

如何纠正孩子的性格和道德

孩子的性格是无法教导的，成人只能起辅助作用，协助孩子性格建立。关于性格培养，6岁是一个重要分界线。这个时期，孩子的性格已经形成，不是由于外力影响，而是自然形成的。孩子0～3岁是性格形成的关键期，很多因素会对孩子的性格产生影响。如果孩子在胚胎形成、十月怀胎、出生和生长全过程都受到科学的精心护理，到了3岁时，孩子一定是很优秀的个体。但这只是理想状态，因为会有很多的障碍影响到孩子的成长和发展。

如果孩子的性格缺陷是由于产后造成的，那么其程度就没有怀孕时造成的影响严重。如果是产后造成的缺陷，那么在孩子3～6岁这个调整修复期还是可以治愈的。但如果孩子的性格缺陷是由于在出生时受到惊吓，或者像智力低下、癫痫、瘫痪这类官能性的因素，就难以治愈、无能为力了。面对这类的官能性问题，如果在6岁以前进行治疗，或许还能有所改善，不然会越来越严重。如果在一个6岁孩子身上看到了本不该属于这个年龄段的性格，就是孩子从身边的环境和自己所经历的事件中得到的。一个孩子在3～6岁这个阶段被忽视的话，到了他7～12岁开始发展性格和道德方面时，就有可能出现问题。孩子会显得力不从心，缺乏道德品质和学习能力，背负着曾经受到的伤害，成为一个在心灵上满是伤痕的人。

儿童心中的障碍会使他的反应变得越来越消极。在这种防御机制的作用下，会使儿童看起来在某些才能方面有所欠缺。他们的智力往往低于正常水平，在学算术和拼写时有困难。这些在儿童时期形成的心理障碍给人们带来的影响往往是终生的。

在儿童之家，或者其他现代化的学校中，都会对孩子进行身体发育和心理发展状况记录[1]，以便了解孩子在各个阶段的发

1　参见本册第2章“1.儿童性格发展的特征”中介绍的“儿童身体发育和心理发展档案”。

展情况，并据此判断应如何处置。我们了解孩子是否有遗传性疾病，出生时孩子父母的年龄；在母亲怀孕阶段是否有意外事件，是否受到神经方面的伤害；生产的过程是否顺利，是否因难产而窒息；等等。我们也同样关心孩子的家庭生活，了解孩子的父母或看护人是否比较严厉，或者孩子是否有被惊吓的经历。了解孩子的这些情况非常重要，因为来到我们这里的孩子几乎都带着顽皮或怪异的性格，只有知道根本原因，才能进行有针对性地治疗。

一些不太正常的偏差行为会逐渐成为孩子性格的一部分。偏差行为进入性格中，会出现两种情况：

	性格特点	偏差行为
性格刚毅的孩子	对抗性表现	经常发脾气、大吵大闹、对抗、自私、有破坏行为、占有欲强、喜欢戏弄他人、虐待小动物等，还会出现注意力不集中、好吃懒做、常胡思乱想的状态
性格懦弱的孩子	消极对待	反应迟缓、爱哭泣、依赖性强、怕生人、怕独自一个人，甚至用撒谎、偷窃的行为进行自我防卫

有些看起来像生理性的疾病，很有可能是由于心理疾病引起的，千万要分清楚。例如，像厌食症、贪食症而引起的肠胃问题；由做噩梦、怕黑而失眠引起的贫血症，这类疾病是无法用药物治愈的，因为它们都是由心理问题导致的。

如果孩子有了这些问题，反应会特别激烈，会让父母无所适从，不知道如何应对，便将孩子送到幼儿园或托儿所。这些孩子虽然都有父母，但他们与孤儿已没有太大差别。还有的父母面对这类孩子会进行严厉管教，打骂孩子，不准孩子吃饭，使得孩子用更偏激的行为来反抗，或者转而进行消极抵抗。父母打骂过孩子之后会采取安慰、劝解的方式，希望孩子能理解自己，会问孩子“为什么要让妈妈这么伤心”，但已无法收到任何效果。

性格懦弱的孩子总是很听父母的话，父母怎么说他就怎么做，喜欢缠着妈妈，没有妈妈的陪伴就无法入睡。有的妈妈会认为，这是孩子爱自己的表现，但时间一长就会发现，孩子的身体虽然健康，可是胆小怕事、反应迟缓、食欲欠佳，总是要哄着才能让他完成一些事情。这时妈妈如果还在自我安慰，认为孩子不过是神经质或者太过敏感了一些，说不定以后会成为诗人或哲人，那么过不了多久，孩子就需要借助药物来治疗了。

我们的学校之所以出名的原因之一，就是帮助孩子克服了这些消极症状。我们给孩子提供一个让他们能自由自在发展的环境，让他们在这样的环境中去探索、学习，这些活动能给孩子孤寂、饥渴的心灵带来满足感，激发他们潜藏在体内的热情。一旦孩子的学习热情被激起，他们就会不厌其烦地练习，做任何事情都会保持高度的精力集中。当孩子在兴趣的指导下，开始能够专注地做事情，消极的症状就会逐渐消失。可以看出，消极症状并不是与生俱来的，而是受环境的影响。因此，母亲要让孩子做自己感兴趣的事情，当孩子开始做事情的时候，不要随意打扰他。

对那些总出问题、爱惹麻烦的孩子来说，成人不能太冲动，责骂、严厉的态度起不到任何作用，更不能说他是笨蛋，他需要的是心灵上的慰藉。人不像其他动物，对精神的需求更甚于对物质的追求，这是人的天然本质。

本章小结

蒙氏养育观点

在儿童时期形成的心理障碍给人们带来的影响往往是终其一生的。正常的儿童会根据自己的喜好自由地对事物进行选择。他的注意力并不是专注于事物的本身，而是通过这个事物能够认识到其中所包含的知识和信息。

成人容易把自己的意志强加给性格温顺的儿童。这里存在着一种巨大的危险，它将造成儿童对事情态度冷漠，而这又会被视为迟钝或懒惰。

偏离正轨儿童的心里会无意识地说：“你在说话，不过我不听；你不断地重复，不过我就是当作耳边风。因为我正忙着建一堵墙，把你隔离开，只有这样我才可以拥有属于自己的世界。”

清晰的思想、与现实的接触、精神的自由以及对善良和崇高的渴望，都能够帮助儿童改造心灵。促进儿童接触现实，体验和理解他们所处的环境，能帮助他们摆脱紊乱的心理状态。

□ 偏离正轨的思想是禁不住强力压迫的，任何人想以这种粗暴的方法来纠正儿童，都将导致儿童形成叛逆的性格。

□ 成人作出的让步越多，儿童的欲望就会越多。最终，成人一味地迁就和妥协将会纵容儿童欲望的无限发展，从而带来不可挽回的严重后果。

□ 玩具只是让儿童产生了各种幻觉，却不能让儿童学会任何真正意义上的运用理智和全神贯注。

□ 儿童其实想说真话，他们由于心理紊乱而产生说谎的行为，可这时情绪的波动又进一步加剧了他们内心的紊乱。

□ 儿童用谎言来表现想象力与创造力，他们没有什么企图，只是在编故事。这跟那些因为懒惰和不想探求真相而说谎的情况不一样。

第5章

学会爱你的5岁孩子

MONTESSORI BRINGING UP

YOUR 5 YEARS OLD

CHILD

作为教育者，我们只有先清除了自己眼中的沙子，才能明确如何帮助儿童清除他们眼中的沙子。

·1·

教育者的心理准备

如果教育者认为只靠自己的研究就能做好教学准备的话，那他就大错特错了。我们对教育者提出的第一个要求就是正确地处理好自己的工作，只有教育理论和知识是远远不够的，观察儿童的方法也极为重要。

如果一个人希望遵从我们的教育系统，成为一名合格的教育者，他必须学会自我反省，摒弃内心的傲慢、发怒、专制等，学会如何让自己变成一个谦逊和宽厚的人。

需要强调的是，教育者首先必须系统地对自己进行研究，在内心做好准备。这样，教育者才能改变最顽固的弱点。实际上，这些弱点很可能会影响到我们与儿童的关系。为了挖掘我们身上这些潜在的问题，我们需要接受一种特殊的指导，必须学会像别人审视我们一样审视自我。

也就是说，教育者必须接受引导。我们首先要关注的是自己的问题和坏脾气，而不是将注意力放在儿童的坏脾气以及改正儿童的缺点上，更不是放在作为亚当后代的孩子继承下的原罪的影响上。作为教育者，我们只有先清除了自己眼中的沙子，才能明确如何帮助儿童清除他们眼中的沙子。

好的教育者并不是完全没有过错和缺点

教育者在内心做好准备与宗教徒所追求的“完美”是截然不同的。好的教育者并不是完全没有过错和缺点。实际上，一个不懈追求内在完美的人，也许不会将注意力放在阻碍他理解儿童的问题上。如果我们想成为合格的教育者，我们必须乐于接受教育和指导。就像医生会将病情告诉病人一样，我们也应该告诉未来的教育者会阻碍他们工作的错误是什么。比如，我们可以提出：“发怒是一种严重的错误，会阻碍我们正确理解儿童。”而且，错误从不会孤立存在，发怒还常常伴有另一种错误——傲慢，并隐藏在友善的伪装之下。我们可以在内部和外部运用两种不同的方法来调整自己的坏脾气。

- 第一种方法是与已知的问题进行抗争。
- 第二种方法是控制坏脾气的外部表现。让外部表现与大众行为标准保持一致是非常重要的，因为这可以令我们反省，意识到自己的问题。

——尊重邻居的建议可以帮助人们改变傲慢的恶习；

——改善环境可以降低人们的贪念；

——面对他人激烈的反应有利于控制人们的怒火；

——为了生活而工作能够减少人们的成见；

——接受社会习俗能够调整人们懒散的行为；

——难以得到奢侈品能够控制挥霍；

——维护人们的尊严能够缓解妒忌情绪……

所有这些外部条件都会对我们的内心产生有效的、循序渐进的影响。

社会秩序有利于让我们避免道德失衡。尽管我们认可改变我们已经认识到的错误是必需的，但我们仍然不能像服从上帝的意愿那样，心无杂念地去承担社会赋予我们的压力。那种因为别人纠正我们的错误带给我们的羞辱感，使我们无法轻松地接受他人的“指点”。

很多时候，我们宁愿犯错，却不愿承认。当我们不得不改正错误时，我们也会本能地努力去维护自己面子，并用各种借口为我们所做的选择进行辩护。我们可以借助我们常说的一个个小小的谎言来证明这个情况。

⊙ 当我们没有得到向往已久的东西时，我们会说：“我根本就不想要这个东西。”

这是我们对抗外界压力时的本能反应，我们并不是发自内心地愿意完善自己。相反，我们其实是在持续着这种抗争。这样做就如同我们所做的其他抗争，我们很快就会发现，在这个过程中，我们不仅需要自己的努力，还需要得到他人的帮助。那些具有相同问题的人会本能地互相协助，并通过联合获得力量。

⊙ 我们以高尚的、义不容辞的责任为借口，来掩饰我们自身的问题。

就如同在战争中，人们将进攻性的武器称为维护和平的方法一样。我们越是姑息自身的问题，就越会为自己找借口。

⊙ 当我们因自身的问题而受到批评时，我们自然而然地会去为自己辩护。

但实际上，这样做并不是在保护自己，而是在维护我们所犯的过错，是在把它们隐藏起来，伪装在所谓的“美好”“必须”“共同利益”等之下。慢慢地，我们还会说服自己相信那些明显的谬误就是真理。这种错误持续的时间越长就越难以改正。

警惕发怒、傲慢和专制

所有与儿童教育有关的人，都必须让自己从这个怪圈中跳出来，这样的错误有损于教育者的身份。傲慢和发怒是教育者严重而常见的问题，我们应该努力改掉这些问题，并学会正确地对待它们。

发怒是一种严重而常见的缺点，但它往往会被傲慢掩盖。

- 傲慢会使我们得到某种虚假的尊严，甚至还可能在我们的要求下得到尊重。
- 发怒却是一种罪行，很快会遭到邻里的抵制。谨慎的态度有助于抑制动怒。因此，一个能成功保持谦虚的人，会因无法控制自己的怒火而感到惭愧。

然而，当我们跟儿童打交道时，却出现了截然相反的情况。儿童不理解我们，也无法保护自己免受我们的伤害。他们对我们说的东西都全部接受。他们不仅接受我们的错误对待，而且当我们责怪他们时，他们也总会感到是自己错了。

教育者应该经常对儿童的困境进行反思。儿童无法理性地判断所受的待遇是否公正，但儿童能够觉察到某些事情不对劲儿了，并导致心理变得压抑、扭曲。这时，儿童就用懦弱、撒谎、过分的行为、无理由的哭闹、失眠和过度害怕来表达对成人的怨恨和对其鲁莽行为的抗议，因为他们还无法理性地分析使自己陷入抑郁的真正原因。

发怒的早期状态就是某种程度的暴力行为，这种暴力行为是通过一种微妙的形式表现出来的，其暴力本质被掩盖了。成人对儿童发怒的最简单的形式就是对儿童的抵制感到恼火，但成人的发怒不久就会与傲慢相结合。当儿童想要实现这些小小的愿望时，这种发怒就会演变为专制。

专制排斥协商。这种被认可的权威就像一堵无法穿越的围墙，保护着专制者——成人。成人拥有一种天赋权威，并运用这种权威来支配儿童。怀疑这种权威就等于动摇某种崇高的、不可亵渎的权威统治。正如在人类早期社会，君主的命令代表着上帝的意愿，成人对儿童的权威也是崇高的、不可亵渎的。儿童只能保持缄默，必须谨遵成人的意愿，并努力使自己适应周围的一切。

即使儿童的确有某种反抗成人的表现，这种反抗也不是直接的或有意识的，而是一种积极的自我保护，以维护自己心灵的完整。

只有随着儿童慢慢长大，他们才能学会如何直接地反抗成人的专制。但到那时，成人也学会了怎样运用更加高明的方法控制儿童，并使儿童相信成人所做的一切都是为了他们好。

虽然儿童的确应该尊敬长者，但是成人辜负了儿童。他们认为自己有权利对儿童进行独裁和侵犯，并会抓住一切机会，压抑儿童的需要。如果儿童对成人进行反抗，就会被认为是可怕的和不被容许的。

成人对儿童的管理方式就像古代君主统治臣民：他们对臣民剥削掠夺，却不允许臣民进行任何反抗。就像臣民相信自己拥有的每一样东西都是君王恩赐的一样，儿童也相信自己所拥有的一切都是成人赐给他们的。但是，成人难道对此没有责任吗？他们扮演了造物主的角色，傲慢地认为自己有权控制与儿童有关的一切事物。他们还认为是自己使儿童变得良善、诚恳、聪明，使儿童能接触环境和同伴，感受到上帝的爱。为了使自己的形象更加完美，成人拒绝承认自己有任何暴君的行径，难道有哪个君主会承认他折磨过自己的臣民吗？

这些就是教育者必须具备的品德。这种心理准备会使教育者得到从事教育工作所需要的宁静与平和。

另外，这并不意味着我们不能对儿童的言行进行任何评价，或甚至以忽视儿童的心理、情感的发展为代价，去赞扬、支持他们所做的一切。相反，教育者永远也不应忘记，教育是自己的一项使命。

但是，我们要保持谦虚的态度，并清除深藏在内心深处的偏见。我们要保护那些有利于教育的品质，抑制那种我们成人所特有的，会阻碍我们理解儿童的思想和观念。

出生于富裕家庭的孩子就像他们的家庭一样，总是被包围在社会所能提供的奢侈之中，这会使他们觉得自己好像拥有一定的特权。

·2·

不要娇生惯养

不要给孩子提供过剩的物品

生活在富裕家庭的孩子是一类比较特殊的儿童。也许很多人都会认为，教育这样的孩子总比教育我们学校中的那些贫穷儿童或者墨西哥地震中幸存的孤儿要容易得多。

事实却并非如此。出生于富裕家庭的孩子就像他们的家庭一样，总是被包围在社会所能提供的奢侈之中，这会使他们觉得自己好像拥有一定的特权。然而，来自欧洲和美国的老师用自己的经验充分地说明了在教育这些孩子时存在的一些问题。他们谈到了自己的一些感触，也讲述了这些孩子对我们教育观念的抵触，以及由此造成的许多困难。那么，这些富裕家庭的孩子是如何“皈依”的呢?

这些孩子往往对花园里的小路、盛开的花朵和优美的环境不感兴趣。他们也不会对贫穷孩子喜爱的东西动心，而那些原本应让他们感到满足的事物也总是不能使他们得到慰藉，所有这些都让他们的老师感到困惑而无奈。

家境穷困的孩子往往会急切而激动地奔向那些为他们准备的物品。而家境富裕的孩子却已经玩腻了各种精美的玩具，不会马上对此表现出迫不及待。

G小姐是一位美国的教师，她从华盛顿写信给我：

> 这些孩子相互争抢对方手里的东西。当我拿出某样东西给一个孩子看时，其他孩子就会立刻丢下手里的东西，叫嚷着围到我周围，他们会争夺我讲解完的每一个教具。他们真正感兴趣的不是那些丰富的感官材料，他们对自己面前的各种物品也都毫不留恋。这些孩子根本不会在同一个地方停留，对每一样东西都是没碰几下就丢到旁边。而且他们的许

多活动都是没有目的的。他们在屋子里到处乱跑，一点儿也不在乎这样做会损坏东西。他们常常碰翻桌椅，把为他们准备的物品踩在脚下。有时候，他们已经在某个地方开始工作了，又会一下子跑开，然后拿起另一个东西，但接着还是会毫无理由地把这样东西扔掉。

另一位D小姐从巴黎写信过来：

我的体验真的让人非常沮丧。这些孩子在一项工作上集中的注意力最多只能持续几分钟。他们不会自发地去做事，也不能长时间地持续做一件事情。他们总是跟着别人行动。这些孩子就像一群小羊一样，看到一个孩子拿起一个东西，其他的孩子就会跟着要这个东西。有时，他们还会在地板上打滚，不管不顾地把椅子弄翻。

罗马的一家面向富家子弟的学校有这样一条简要的描述：“纪律是我们关心的主要问题。这些孩子在工作时不愿意接受指导，结果总是乱七八糟。”

TIPS：

蒙台梭利将儿童从周围环境中学习、吸收知识的创造性能力比作天体中的“星云”。儿童在一定规律的支配下，通过与周围环境的接触，逐渐学习、吸收，使自己融入他们的生活的社会。

帮助孩子发现自己的兴趣点

而过了一段时间之后，又传来了这些情况好转的消息，华盛顿G小姐的来信送来了她的新感受：

就像一团充满了旋转微粒的星云开始显现出一定的形状一样，这群原本不守纪律的孩子在几天以后发生了变化。这些孩子似乎开始自己指导自己了。那些原来在他们眼里傻乎乎、不值一提的东西引起了他们的兴趣。在兴趣的推动下，孩子们开始了独立的行动。当一个孩子被某件事物吸引时，他就会把自己的注意力集中在这件事物上面。这些孩子都开始寻找自己感兴趣的东西了。

当一个孩子最终找到自己发自内心喜爱和感兴趣的事物时，我们就像赢得了一场战役的胜利。

情况1　有时候，这种情形会毫无先兆地突然出现。我曾经为激发一个孩子的兴趣想尽办法，几乎用上了学校里的所有教具，可他就是没有反应。然而在一个偶然的情况下，当我拿两种不同的颜色给他看时，他却马上伸出了手，仿佛那就是他一直在等待的东西。紧接着，他在一堂课的时间里居然认识了5种颜色。随后的几天，他开始拿起过去被自己忽视的东西，并终于找到自己感兴趣的事物了。

情况2　还有一个孩子，原来总是无法集中自己的注意力，后来他对一件比较复杂的东西产生了兴趣，自己摆弄起来。他把这个东西叫作"长度"，"长度"让他摆脱了紊乱的状态。在一个星期里，他一直在玩这个东西，还学会了怎样数数和做简单的加法。然后，他的兴趣又慢慢延伸到一些较简单的材料上，最后扩展到这个领域内的所有物品。

发现自己感兴趣的东西，能够使儿童学会集中注意力，从而摆脱不稳定状态。

华盛顿的G老师还讲到了一个关于儿童个性形成的案例：

有一对姐妹，姐姐5岁，妹妹3岁。开始时，妹妹没有自己的个性，做所有的事情都要模仿姐姐。比如，看到姐姐有一支蓝色的铅笔，她就会要一支同样的；看到姐姐吃黄油面包，她就只吃黄油面包，其他什么都不碰。类似的情况很多。她只喜欢跟着姐姐到处走，模仿姐姐做的每一件事，而对学校的任何事情都不感兴趣。

可是，突然有一天，一些红色的立方体引起了妹妹的注意，她用这些立方体搭起了一座城堡，还反复地进行了多次，把姐姐都忘掉了。姐姐感到非常奇怪，就问她："我在填圆圈呢，你为什么在搭城堡？"

从那一天起，小女孩终于找到了自己感兴趣的事情，她开始发展自身的个性，再也不做姐姐的"翻版"了。

巴黎的D小姐讲了另外一个故事：

一个4岁的小女孩只要拿着盛水的杯子就会把水洒出来，就算杯子里只有一半的水也会这样，所以她一直努力地控制自己不把水洒出来。而当她成功地完成了另一项自己感兴趣的练习之后，她竟然能毫不费力地连拿好几杯水，并且还能顺利地给正在画水彩画的同学送水。在这个过程中，她做得专心致志，连一滴水都没有洒出来。

另外一位美国老师也给我们讲了一件她学校里发生的趣事：

有一个小女孩，到了一定的年龄还不会讲话，只能发出一些模糊的声音。她的父母非常着急，担心女儿智力有问题，还带她去医生那里做了检查。

有一天，小女孩突然对一个镶嵌式的玩具产生了兴趣，就花了很多时间把玩具中的木制圆柱体从洞孔里取出来，再一一放进去。小女孩就这样充满浓厚兴趣地一遍又一遍重复着这个活动。之后，她跑到了老师面前，说出了："你来看！"

后来，巴黎的D小姐又寄来了信件：

这个班级在圣诞节之后发生了巨大的变化，可是我并没有刻意做什么事情。他们好像自己建立起一种秩序。这些孩子不再像以前那样毫无目标地做事，他们好像对工作产生了兴趣，还会主动从柜子里取出曾经令他们感到厌烦的物品。一种工作的氛围弥漫在整个班级之中。以前，这些孩子选择物品只凭一时冲动，而现在，他们有了一种自我训练的内在需要。他们能全神贯注地开始进行某项艰难的任务，然后努力地克服困难，并从中体验到一种真正的快乐。他们通过这些宝贵的努力塑造了自己的性格，真正地成为了自己的主人。

在D小姐的信中，她写了一件给她留下了深刻印象的事：

> 一个4岁半的小孩，他的想象力特别丰富、活跃。每当他得到一件物品时，他就会把物品想象成像自己一样的人，而不去观察它本来的形态。他会一直不停地说话，无法专注地对待这个物品。在这种不稳定的思维状态下，他的行动非常笨拙，连纽扣也不会扣。令我吃惊的是，奇迹突然降临在他的身上。他能够安静下来了，开始一项一项地做练习了。

在我们找到固定而明确的方法之前，这些老师就已经开始不断地重复着基本相同的经验了。在生活中，所有明智而又热爱孩子的父母和他们幸福的孩子也会遇到类似的情况和困难，尽管这种情况可能并不多见。

物质上的富裕有可能会造成精神世界的贫乏。精神贫乏者的“皈依”是在童年完成的。这种“皈依”往往是由于相同的原因引发的，而且是一种迅速的变化，有时几乎是转瞬即逝的。在我所接触的事例中，儿童的“皈依”几乎都源于全神贯注地开始一项有趣的工作。儿童内心的充实都是这样完成的。在这个过程中，原本神经敏感的儿童变得平和了，抑郁的儿童重新焕发出了生气。人们就是在这种有序的工作中不断前进、不断挖掘和提高自己内在的潜能的。儿童在这些巨变中取得的转变和成就，预示着他们未来的发展。就像儿童长出第一颗牙齿之后，其他的牙齿就会随之一颗颗出现一样，当儿童成功地迈出了第一步后，他们将开始一步步地走下去。

“皈依”和“正常化”

在儿童的“皈依”过程中，有一种心理治疗方法特别值得注意，就是让儿童恢复他们正常的状态。其实，正常的儿童由于心智成熟，他们能够控制自我、平静地生活，会因不愿意无所事事而开始进行有秩序的工作。当通过这种视角去看儿童时，我们也许把这种“皈依”称为“正常化”更加确切。人在胚胎时期就拥有了自己的心理活动。尽管这时的心理活动是以潜在的方式进行的，但我们仍然必须承认并允许它发展。

这种解释与儿童“皈依”的现象并不矛盾。成人或许也会以同样的方式“皈依”，只不过这种转变非常困难。因此，我们不能把“皈依”简单地视为人类本性的一次回归。

儿童正常的心理特征会比较容易发展成熟。与此同时，不正常的特征也会随之消失。这就像恢复了健康以后，所有的病症也会随之消失一样。

⊙ 用这种观点来看待儿童，我们就会更深刻地认识到，“正常化”的过程会自发地进行，即使在不良的环境中，它也能得以展现。

因此，尽管人们有时候没有意识到儿童正处于“正常化”的过程，也没有去帮助它进行，但是它同样会充满活力地呈现出来，而且会越过障碍，实现发展变化。

⊙ 从另一个角度来说，儿童“正常化”的力量向我们暗示了宽容的意义，并不断地教导我们要学会宽容。

可以说，尽管成人以各种方式压抑着儿童，可儿童总是不断地原谅成人，而且不断地同压抑自己正常发展的力量抗争，努力使自己获得健康的成长。这种力量产生于儿童的内心深处。

改正错误并不是最重要的，我们首先要认识到自己的错误。每个人都应当反省自己，检查自己所做的事情是否正确。

·3·

发现错误，改正错误

每个人都会犯错误

在我们学校里，孩子可以自由地活动，但这并不意味着他们就没有纪律。实际上，纪律是必需的。如果我们想让儿童拥有自由活动的权利，让他们在我们创建的环境中通过自由的活动获得经验、发展自己，我们就必须更多地关注儿童在活动中的纪律。当儿童开始能够集中注意力工作，纪律的重要性就会在很多方面体现出来。儿童的“工作”越积极，老师的工作就可以越消极。

事实上，老师这时可能只需要站在一边，什么都不用去管。正如我们前面所讲的，这种状态为儿童以后融入社会打下了良好的基础。

✗有些人看到这里可能会想：如果孩子永远处于没有成人约束的状态，该有多好啊！

确实，儿童以这种状态在一起“工作”，对他们以后的生活具有重要意义，这其中蕴涵的奥秘就像胚胎发育一样微妙，我们不应该打扰孩子的这种生活状态。我们为儿童提供物质条件、创建发展环境，就是在为儿童进入这种状态打下基础。

✗有些老师可能要问：“在孩子犯下错误时，如果我们不帮助孩子改正错误，那如何才能让他们走入正轨呢？”

✗许多老师也认为自己的主要工作是批评儿童，不管是在对待孩子的学习问题还是道德问题上，老师都会采用这种方法。老师们认为，教育儿童应主要依靠两个方法：批评和惩罚。

如果我们不得不对一个孩子进行奖励和惩罚，说明这个孩子已经失去了自我约束的能力，约束的方法必须由老师提供。但假设孩子正在进行工作，我们不断地给他们奖励或惩罚，这只会严重地妨碍孩子心灵的自由。我们的学校是崇尚自然、自由发展的，所以我们绝不使用奖励和惩罚的方法来约束孩子。在一般情况下，孩子都是自由地进行工作的，这时奖励和惩罚对他们来说都是完全没有必要的。

我们要求不对儿童进行奖赏也许不会引起太大的争议，因为很多父母其实平时并不重视奖励孩子，顶多给儿童一次奖赏，所以提倡不奖励孩子不会给父母们带来太大的损失，也不会对儿童造成过多的影响。但惩罚就不同了，我们几乎每天都在惩罚儿童。

比如，纠正儿童练习本上的错误。纠正之后，儿童的分数可能一下就从0分长到10分。难道给孩子0分能够改正他们的错误吗？

✗老师可能会说：“你总是犯相同的错误，你根本就没有听讲，如果你再这样下去，你永远也不能通过考试。”

老师在儿童的作业本上写的所有表扬和批评的话都只会削弱他们学习的热情和积极性。如果你告诉一个孩子他是多么淘气、多么蠢笨，只会伤害他的情感，而不会对他有任何帮助。因为要想让一个儿童不再犯错，需要让他更加熟练地掌握技能，但如果他已经不合格而且又没有人鼓励他，他又怎么会提高能力呢？以前，有些老师总是揪着犯错误的学生的耳朵，或打那些写不好字的学生的手。但是即使老师把孩子的耳朵揪红了、手打肿了，也无法让孩子有所进步。

要想提高儿童的能力，需要持续地练习和不断地获取经验。正如不听话的孩子要通过与其他孩子一起活动才变得听话一样，如果我们只告诉不听话的孩子“你很淘气”是不会让他们改变的。对儿童来说，成人这样做不是纠正错误，而是陈述事实。儿童要想增强能力和改正错误，应该进行长时间的主动练习。

当然，儿童有时候可能并没有意识到自己犯了错误。虽然老师为了避免给孩子树立坏的榜样，总是告诫自己不要犯错，但是他们也会在不知不觉中犯下错误。所以，当老师犯错误时，他们绝不会向儿童认错。他们认为，老师应该永远是正确的，“永远不犯错误”是老师尊严的保障。当然，这并不完全是老师的责任，整个教育系统都建立在这种错误认识的基础上，它对这一问题负有责任。

如果我们对“犯错”这一现象进行研究，就能够发现：每一个人都会犯错误。这是一个客观事实。我们承认这一事实就已经向真理前进了一步。如果我们尊重事实，我们就应该承认每一个人都可能会犯错，否则我们岂不成了完人？因此，我们对待犯错误这一问题应该抱着正确的态度：看到犯错误有益的一面，把犯错误看作生命不可缺少的一部分。

许多错误都会在成长的进程中得到纠正。比如，蹒跚学步的孩子，他们就是在成长中不断地获取经验最终学会走路的。如果我们认为自己是完美的，那只不过是自欺欺人罢了。这是由于我们没有意识到自己犯了错误，也就无从改正了。错误是无处不在的，如果我们想追求完美就必须首先注意自己所犯的错误，然后改正错误，这样我们才能完善自己。

所以，我们总结出了一条原则：控制错误。在学校中，老师、学生和其他人都会犯错误，因此我们的学校制定了一条原则：

改正错误并不是最重要的，我们首先要认识到自己的错误。每个人都应当反省自己，检查自己所做的事情是否正确。

学会"控制错误"

我们要想知道自己所做的事情是正确的还是错误的，前提是我们不能过于在乎自己是否犯错，而应当关注自己所犯的错误。在一些学校里，孩子对自己所犯的错误一无所知，他们是在无意识时犯了错误，对所犯的错误也抱着无所谓的态度，因为他们认为纠正错误不是自己的事，而是老师的事。这与我们所提倡的自由是有着天壤之别的！

如果我们无法自己改正错误，就必须寻求他人的帮助。可是对于我们所犯的错误，别人可能还不如我们自己了解得清楚。所以我们自己能认识到自己的错误并改正它们，才是最有效的方法！如果说有什么东西能对我们的性格形成起到决定性的作用，那就是自我改正错误的能力。如果我们没有掌握这种能力，就会变得自卑、缺乏自信。

这里所说的“控制错误”能够指明我们的方向是正确的还是错误的。这就像我们要去一个城市，比如艾哈迈德巴德，但不熟悉道路。这种情况在我们的日常生活中时有发生。这时，为了保险起见，我们会查看地图或寻找路标。如果我们看见一个路标上写着“艾哈迈德巴德——2公里”就会放心，因为知道走对路了；但是如果看见路标上写着“孟买——50公里”，我们就会知道自己走错路了。地图和路标都能够为我们提供帮助，如果没有地图和路标，我们只能靠问路寻找正确的途径，而得到的往往可能是截然不同的回答。拥有可靠的方向指示是我们到达目的地必不可少的条件。

控制错误练习：套杯游戏

我们为孩子准备了一些高度相同、直径不同的套杯。每一个套杯都恰好能套上比它直径小一点儿的套杯。孩子在玩这一游戏时可以学会：

1. 认识到所有的套杯都是不同的。
2. 运用拇指和其他手指协作才能抓住套杯的顶部，将它拿起来，套在另一个套杯上。

训练说明

● 这个练习可能更适合年龄小一点儿的孩子，但父母可以借鉴这个练习，选择适合孩子发展程度的控制错误练习。

在玩的过程中，他们可能会发现自己犯了一个错误——到最后，手里剩下的套杯太大了，无法继续套进眼前的套杯内，而之前的某个套杯可能比它套住的那一个大很多，它们之间的空隙很大，显得很松。这时，孩子会重新进行检查，仔细研究，努力解决眼前的问题。

这个剩下的套杯表明他在之前犯下了一个错误，而恰恰就是这种错误能引起孩子的兴趣，他会不停地重复这样的游戏。

这种游戏对儿童有两个好处：

一是提高儿童的理解力。

二是让儿童对自己的错误进行有效的控制。

儿童的玩具要能将儿童是否犯了错误直观地表现出来。孩子在使用这些玩具时，可以很快地意识到自己所犯的错误，想到改正错误的方法，这样才能使孩子在活动中不断完善自己、发展自己。

让儿童自由地活动，并不是要让他们觉得自己已经是完美的了，而是要让他们在自由的活动中认识自己能力的不足，这样才能激励儿童拥有一种努力工作的愿望。这样的儿童可能会说：“我并不完美也并非无所不能，我也会犯错误，但我知道自己能做什么事情——我能够自己改正错误。”

养成这种严谨、自信的品格将使孩子受益终生。但是这种习惯并不像我们想象得那样容易获得，因为把儿童引上逐步完善的道路不是一件很容易的事。如果我们仅仅告诉一个人，他是勤劳还是懒惰，是聪明还是愚蠢，是好还是坏，只能适得其反。儿童需要知道自己适合做什么工作。我们不仅应该对他们进行教育，还应该给他们创造了解自己错误的机会。

长期接受这种教育的孩子会有什么表现？

孩子会在算数学题得出结果之后，对结果进行检查，这已经成为他们的习惯。而检查结果这个习惯比结果本身对孩子更具有吸引力。

有一种练习：让孩子将写有名字的卡片放到相应的物品下面，孩子们会通过各种方法反复对结果进行检查，他们可以在发现错误的过程中获得极大的快乐。

在我们学校的日常生活中，老师们经常会设计一些显而易见的错误，因为这样会使儿童逐步学会自己发现错误、改正错误，达到完善自己的目标。儿童也有追求准确和完美的天性，在追求完美的过程中，儿童会不断地检查自己的行为和习惯，这对保障儿童的发展具有非常重要的作用。

有一次，一个小女孩在做“按命令行事”游戏时读到这样一句话：“到外面去，关上门，然后回来。”女孩仔细地研究了这句话，然后依照命令行动了起来。在还没有完成动作时，她就跑回来问老师：“如果我把门关上了，我怎么回来呀？”

老师听后对女孩说：“你说得对，这是我的错。”于是老师改正了“命令”。

女孩看到了命令说：“好，现在我可以完成了。”

在这里，“犯错”成了一件有趣的事情，成为了人与人之间的纽带，促成成人与儿童之间的和谐。错误把人们分开，但改正错误又把人们重新拉到了一起。发现错误并改正错误会成为人们的兴趣所在，儿童不会因为在成人身上发现错误而对成人不尊敬，成人也不会由此而失去尊严。错误并不是一个私人问题，每个人都有责任纠正错误。

小事情正是通过这样的方式变得伟大起来。

TIPS：

敏感期就像大自然给了人类一个指南针，让人类学会适应世界。儿童在敏感期拥有一种特殊的内在活动，能够以惊人的方式自然而然地吸收和学习。

父母对一切都已麻木了，他们需要一个新的生命来唤醒自己，他们要运用已经失去的生机和活力，再次激励自己。

·4·

爱孩子的智慧

爱与儿童的自我实现

当人们有规律地完成各项工作，并营造出和谐的生活氛围时，就会获得一种爱的体验。我们也许可以说，这就是一个人良好状态和健康身体的标志。

爱不是原因，而是结果。它就像一颗被太阳照耀着的行星。促使爱产生的动力是本能和生命的创造力。爱是在创造的过程中产生的。儿童的心中充满了爱，他们的自我实现也受到爱的影响。

儿童在敏感期产生的那种对周围事物不可抑制的冲动，其实就是他们对所处环境爱的表现。这种爱不仅是儿童情感的反映，还是他们智力发展的要求。爱能促使儿童去看去听，进而不断地获得成长。儿童必须服从这种自然的需求。这种需求被但丁称作“爱的智慧”。

儿童内心的爱使他们能以一种敏锐、积极的方式来观察周围的环境。这一点对成人来说也非常重要，况且他们本身还缺乏儿童那样的活力。爱难道不会使我们对别人没有注意到的事物产生敏感吗？爱难道没有引导我们发现一些别人尚未注意到的细节和特性吗？正是由于儿童是爱他们所处的环境，而不是对其漠不关心的，所以他们才能看到成人视而不见的事物。

在成人眼中，儿童对环境的热爱是他们天生的兴趣和活力使然。但是成人没有认识到，这种热爱其实是一种精神上的能力，能够创造美丽的心灵。

儿童的爱本质上是单纯的。他们之所以爱，也许是因为他们想获得感知觉印象，并借助这些印象实现成长。

成人要意识到儿童对自己的爱

在儿童热爱的事物中，有一个特别的对象——成人。对儿童来说，成人是令人尊重的。他们从成人那里得到了能够满足他们需要的各种物质和精神方面的帮助，并向成人热切地索取自我发展所需要的东西。在儿童看来，成人的嘴就像一个喷泉，他们能不断地从那里学习说话用的词汇。

成人用自己的行动向儿童展示了人类的行为举止。儿童正是通过模仿他们接触的成人来学会如何生活的。儿童被成人的言行所吸引，并深深为之着迷。儿童对成人是那么的敏感，以至于他们的生活和行为在某种程度上其实都是被成人支配的。儿童会将一个成人对自己所说的话深刻地印在脑海中，就像我们用刀在大理石上刻的字一样。既然儿童对学习如此渴求，并热爱周围的一切，成人就应该认真对待在儿童面前所说的每一句话。

儿童喜欢听成人的话。但是，当成人要让他们放弃那些对他们成长有利的本能时，他们就会反抗了。成人为了自身的利益而让儿童作出牺牲，这就如同在儿童长乳牙时，不让牙齿长出来。儿童发脾气或反抗，只是因为他们想发挥创造的欲望，而他们所爱着的成人却对此熟视无睹。儿童与成人之间的强烈冲突也是由此引发的。当儿童不听话或发脾气时，成人应该想到其中的原因，并将其视作儿童成长中的必然，视作儿童的一种无意识的自我保护反应。

作为成人，我们要记住：儿童爱我们，并希望服从我们，他们爱我们胜过爱其他的一切。尽管在生活中，我们却常常听到这样的话：“那些爸爸妈妈是多么爱他们的孩子呀！”“那些老师是多么爱他们的学生呀！”

据说，我们还在教孩子爱自己的父母、老师和杰出人士，甚至爱植物和动物。但是，究竟是谁教给孩子爱所有的这一切呢？是谁在教孩子如何去爱呢？难道是那些把孩子的所有表现都称为“发脾气”，并且只想着自己和财产免遭儿童侵犯的父母吗？这样的成人是无法教给别人如何去爱的，因为他们本身就不具备爱的敏感性和爱的智慧。

事实上，现实正好与此相反，是儿童在爱着成人。

- 当孩子感到需要成人在自己身边时，他会高兴地引起成人的注意：“看着我，待在我的身边！”
- 晚上，当成人想去睡觉时，孩子会向他们叫喊，因为孩子爱他们，不愿看到他们离开。
- 当成人去吃饭时，正在吃奶的婴儿也想一起去，虽然他们还不能吃那些东西，他们只是想待在成人身边，看着成人。

看到孩子的这些行为，成人却没有意识到他们对我们深深的爱。但是，我们要记住，孩子在长大后，会将在童年时期给予我们的爱全部收回。到那时，谁还会像孩子现在这样爱我们呢？谁还会在睡觉前呼喊我们，并充满深情地对我们说：“不要离开我！”那时，他们只会无关痛痒地和我们说一声“晚安”。当我们要去吃饭时，谁还会仅仅为了能看着我们，而如此强烈地期盼着和我们待在一起呢？

然而，我们却因为不愿接受这些爱，而处处对孩子设防。我们要意识到：我们再也无法得到这样强烈的爱了。我们甚至还喋喋不休地对孩子说：

✗“我没有时间！”

✗“我做不到！”

✗“我太忙！”

……

然而，在我们的意识深处想说的其实是：“我要改变孩子，不然我会变为孩子的奴隶。”我们希望摆脱孩子的纠缠，这样我们才可以做自己喜欢的事情。我们认为，如果摆脱了孩子，一切麻烦就都迎刃而解了。

早晨，孩子走进父母的卧室唤醒父母。这对成人来说是极讨厌的事情。但如果不是因为爱，还会有什么力量能促使刚刚醒来的孩子立刻去寻找父母呢？

黎明时分，孩子早早地从床上爬起，来到还在熟睡的父母跟前，他们似乎要说：“勤快一点儿吧！太阳已经升起来了！”

其实，当孩子走到父母身边时，他并不是想用这些话来教育父母，而只是为了看一看他所爱的人。

也许父母的卧室仍然黑着灯，他们为了避免破晓的阳光打扰睡眠，将门窗都关得紧紧的。

孩子走过来并用手触摸父母，父母却抱怨说：“我们已经跟你说过多少次了，不要一大清早就来吵醒我们！”

孩子回答道：“我没有要吵醒你们，我只是吻了你们一下。”

事实上，孩子是想说：“我不是想把你们从睡梦中吵醒，我只是想来看看你们。”

是的，爱对儿童极为重要。父母对一切都已麻木了，他们需要一个新的生命来唤醒自己，他们要运用已经失去的生机和活力，再次激励自己。父母需要一个与他们的行为模式不同的人，每天早晨对他们说：“开始新的生活吧！学习如何更好地生活吧！”

是的，更好地生活！充满爱地生活！

对孩子的爱

如果教育者可以正确满足儿童的需要，他们就能够发现儿童具有各种优秀的品质，它们会像泉水般喷涌出来。当我们看到儿童的心灵迸发出这样的火花，那将是一件令人非常高兴的事情，那将会像一个穿行在沙漠中的口渴至极的人突然发现一片绿洲、听到“叮咚”的水声一样。

对于那些问题儿童来说，人类的一些优秀品质往往深藏在他们的心里，当它们被开发出来，教育者就将获得一种满足感，觉得自己获得了一种回报。

而具备这些优秀品质的儿童工作的时候也不会感到疲倦，他们永远都那么有热情。这样的孩子能够努力地去攻克一个又一个难关，这也会给他们带来极大的快乐。他们会去帮助弱者，他们懂得同情他人是对他人的一种尊重，他们在尊重他人的精神上所做的努力就如同甘甜的泉水一样，浇灌着他人的心灵。具有了这些优秀的品质，他们就成为了真正的儿童，获得了成为完美的人的雏形。

然而，这一切都是一步步发生的。最开始，教育者或许要说："这个孩子发展得跟我希望的差不多了，而且可能比我期待的要更好。"知道孩子在日常生活中表现出来的儿童所特有的一些东西是最重要的。教育者可以由此深入了解儿童，不只是了解儿童的外在特点，也能了解儿童内心的秘密。当儿童将自己的天性展现于教育者面前时，教育者或许第一次理解到什么是真正的爱。儿童的天性流露也能够使教育者发生改变。因为这种天性的流露能够触动人。如果我们了解了这些现象，我们就会马上把它当作我们的主要话题。也许我们会忘记儿童的名字，可我们永远也不会忘记他们表现出来的精神和爱。

爱具有两个层次。我们常说的对孩子的爱指的是照顾他们、爱抚他们。孩子激起了我们心中的爱，我们又把这种爱赋予他们。我们和儿童有一种精神上的联系。

然而，我所说的爱跟这种爱完全不一样。这个层次上的爱并不是一种私人的、物质上的爱。在我们为儿童服务的过程中，我们应该给儿童充分的自由，这种服务的实质是为儿童的精神服务。爱的不同层次是由儿童划定的，而不是由教育者来划定。教育者可能会感觉自己处在无人可比的高度上。儿童能够促进教育者成长，使教育者完全融入儿童的世界中。

本章小结

蒙氏养育观点

作为教育者，我们必须学会自我反省，摒弃内心的傲慢、发怒、专制等，学会如何让自己变成一个谦逊和宽厚的人。只有我们先清除了自己眼中的沙子，才能明确如何帮助儿童清除他们眼中的沙子。

如果我们想让儿童拥有自由活动的权利，让他们在我们创建的环境中通过自由的活动获得经验、发展自己，我们就必须更多地关注儿童在活动中的纪律。只告诉不听话的孩子“你很淘气”是不会让他们改变的。对儿童来说，成人这样做不是纠正错误，而是陈述事实。儿童要想增强能力和改正错误，应该进行长时间的主动练习。

爱不是原因，而是结果。它就像一颗被太阳照耀着的行星。促使爱产生的动力是本能和生命的创造力。爱是在创造的过程中产生的。儿童的心中充满了爱，他们的自我实现也受到爱的影响。

●好的教育者并不是完全没有过错和缺点。看到犯错误有益的一面，把犯错误看作生命不可缺少的一部分。

●错误从不会孤立存在，发怒还常常伴有另一种错误——傲慢，并隐藏在友善的伪装之下。

●改正错误并不是最重要的，我们首先要认识到自己的错误。每个人都应当反省自己，检查自己所做的事情是否正确。

●发现自己感兴趣的东西，能够使儿童学会集中注意力，从而摆脱不稳定状态。

●我们要记住：儿童爱我们，并希望服从我们，他们爱我们胜过爱其他的一切。

附 录

MONTESSORI BRINGING UP
YOUR 5 YEARS OLD
CHILD

动作灵活性训练

训练目的：进一步强化触觉功能，同时提高身体灵活度

step 1 准备一些质地不同的小物品，例如丝绸手绢、毛巾、硬币、积木等。

step 2 先让孩子用手或者身体其他部位感受这些物品，当孩子熟悉这些物品的感觉后，把它们分别放在不同的地方，用其他东西遮起来，例如放在地毯下、报纸下、床单下等。

step 3 告诉孩子放物品的地方，让他通过抚摸、踩等方式寻找被遮起来的物品，并准确说出物品的名称。

训练方略

● 用来放物品的地点要高低有序，让孩子能够充分活动身体。此外，这些地方还要适合孩子的动作发展程度，不要放在拥挤的角落或高高的柜子上，以免孩子在游戏中受伤。

● 刚开始做这个游戏时，尽量挑选孩子熟悉的物品，以保持孩子玩游戏的兴趣。

图形认知训练

训练目的：教孩子图形的名称，激发孩子的语言天分

step 1 准备一些常用且规则的几何图形，比如正方形、三角形、圆形等。

step 2 将这些图形放在孩子的面前，告诉孩子："这是圆形""这是正方形""这是三角形"。让孩子将图形拿在手中触摸、观察，并不断重复图形的名称。

step 3 练习一段时间后，妈妈对孩子说："请把圆形给我""请把正方形给我""请把三角形给我"。

step 4 接下来，妈妈手拿一个图形问孩子："这是什么形状呢？"

step 5 经过上面的训练，孩子就能掌握这些图形的名称，知道这些图形的样子了。

训练方略

● 在教授孩子时，妈妈不要操之过急，要慢慢来。

● 在教授孩子几何图形名称时，最好选择在孩子的语言开发期进行，这样对孩子的语言开发也有很大帮助，还能扩充孩子的词汇量。

语言组织能力训练

训练目的： 提升孩子的语言组织能力

step 1 准备一组完整故事的图片。

step 2 将图片拿到孩子面前，和孩子一起看图片上的内容。

step 3 接下来，妈妈问孩子："图中都有什么呢？大家都在做什么呢？"

step 4 然后，妈妈接着问："每一幅图上讲的是什么内容呢？"

step 5 最后，妈妈引导孩子用这组图来编一个小故事。当孩子把故事讲完后，妈妈可以鼓励孩子，并帮助孩子把故事记录下来。

训练方略

● 有关图片故事的材料，父母在平时要注意积累，可以从旧报纸或旧书上有选择地剪下来，贴在白纸上。

● 如果没有完整的故事图片，可以采用其他有趣的图片代替。

自我表达训练

训练目的：锻炼孩子勇敢地表达自我的想法，同他人大胆交流

step 1 准备一个小书包。

step 2 妈妈扮演老师，孩子背上书包扮演上学的孩子。

step 3 妈妈站在门口，孩子背着书包走到门口，见到“老师”要鞠躬并说：“老师好。”

step 4 接下来“老师”问：“小朋友，你叫什么名字呀？”然后依次再问：“你的爸爸叫什么名字呢？”“你住在什么地方呢？”“你妈妈的手机号码是多少呢？”

step 5 做完自我介绍后，孩子要向“老师”鞠躬，并说：“再见。”

训练方略

● 在孩子回答问题的过程中，如果有哪个问题不能顺利地回答出来，父母要及时提醒，让孩子回答出来。针对孩子没有回答出来的问题，几天后再做一次游戏，以便让孩子牢牢记住。

意志力训练

训练目的：发掘孩子的潜能，全面提升孩子的意志力

step 1 准备一套彩笔和几张白纸，模仿身边的物品，在纸上画一些简单的图案。例如，圆形、正方形、长方形等。

step 2 让孩子发挥自己的想象力，猜一猜这些图案像什么。然后让孩子仔细观察身边的物品，看看能不能找出形状相似的物品。

step 3 用不同颜色的笔，模仿身边的物品画一些比较复杂的组合图形，让孩子发挥想象力猜测它们是什么。

step 4 可以和孩子互相交换角色，孩子来画，父母来猜。

训练方略

- 无论孩子猜测的物品是什么，都让他说一说自己的理由，这样有助于激发孩子的潜能。

- 游戏结束后，让孩子亲自触摸、认识身边的事物，加深孩子的认知能力。此外，在平时的生活中，尽可能让孩子主动接触周围的事物，不要刻意束缚孩子。

控制错误训练

训练目的：让孩子学会主动改正错误

step 1 准备一些认知卡片，让孩子扮演老师的角色，父母扮演学生的角色。

step 2 让孩子任意选取其中一张卡片，例如小鸟，然后父母对卡片进行描述："小鸟在水里游泳，对吗？"

step 3 请孩子判断正误，如果正确，就回答："你说得对。"如果错误，就回答："不对，不对，小鸟应该在天上飞翔。"

step 4 如果孩子判断错误，父母就用同样的方式来纠正孩子的错误。

训练方略

- 为了方便孩子判断正误，父母最好选择孩子熟悉的事物。

- 在游戏过程中，不仅要让孩子指出错误，还要让他说出纠正错误的办法。反复玩这个游戏，既可以让孩子学会主动改正错误，还可以训练他的表达能力。

服从意识训练

训练目的：克制孩子的急躁行为，提高孩子的服从意识

step 1 先在家中设置一些场景，例如，将卧室的门打开，将玩具散落在地上，把电视打开等。

step 2 向孩子发出指令："将电视关上后，再把地上的玩具捡起来。"然后让孩子按照指令的先后顺序来做事。

step 3 和孩子互换角色，由孩子发出两个或几个指令，父母来执行。

训练方略

● 这个游戏非常适合几个小朋友一起来做，除了克制孩子的急躁行为外，还能提高孩子的合作意识。

● 父母可以打乱指令的先后顺序，例如，请把地上的玩具捡起来，再将电视关上。这样的指令可以培养孩子的思维能力，让孩子做事有条理。

专注力训练

训练目的：帮助孩子消除神游现象，培养孩子的专注力

step 1 将玩具放在房间的各个角落，然后列一份玩具名单。

step 2 当孩子想要玩玩具的时候，告诉孩子："玩具们藏起来了，我们的任务就是将它们找出来。"

step 3 告诉孩子名单上有哪些玩具，它们藏在哪些地方，让孩子将它们找出来。

step 4 当孩子将所有的玩具找出来后，工作就算结束了。孩子可以随意玩这些玩具，但是最后要将玩具整理好。

训练方略

- 在孩子工作的时候，父母不要打扰他，让孩子独自完成任务。
- 父母还可以通过一些生活小事来训练孩子的专注力，让孩子在做每件事的时候都有一个目标，这样有助于消除神游的现象。

调节情绪训练

训练目的：调节孩子的抵触情绪

step 1 这个游戏的规则是，按照指令的相反意思执行任务。例如，爸爸说：“请把房间的门打开。”妈妈则回答：“我要将它关上，不让外人进来。”同时把门关上。

step 2 父母可以对孩子说：“让玩具散在地上。”请孩子回答：“我要将它们收起来，不让它们到处跑。”并让孩子按照自己的话来做。

step 3 父母可以和孩子互换角色，让孩子体会反向做事的感觉。

训练方略

● 经常玩这个游戏，可以将孩子消极的抵触情绪变成一种积极的工作态度，父母可以利用孩子的逆反心理，将孩子的行为引到正轨上来。